Kinder- und Jugendbuch schreiben und veröffentlichen

Heidemarie Brosche
wurde 1955 in Neuburg an der Donau geboren. Nachdem sie mehrere Jahre als Lehrerin tätig war, beschloss sie 1988, Bücher für Kinder zu schreiben. Obwohl ihr Autorinnenweg sie – wie sie offen bekennt – zunächst durch ein tiefes Tal der Enttäuschungen und Niederlagen führte, erschienen bis heute zahlreiche Bücher von ihr, vor allem für Kinder, in verschiedenen namhaften deutschen Verlagen. Zum Thema »Kinder- und Jugendliteratur im Deutschunterricht der Hauptschule« erhielt sie 1991 einen Lehrauftrag an der Universität München. Heidemarie Brosche lebt mit ihrem Mann und ihren drei Söhnen in Friedberg bei Augsburg.

Heidemarie Brosche

Kinder- und Jugendbuch schreiben und veröffentlichen

Illustrationen von Detlef Kersten

Autorenhaus

Bitte besuchen Sie auch www.autorenhaus-verlag.de

Bibliografische Information der Deutschen Bibliothek
Die Deutsche Bibliothek verzeichnet diese Publikation in der
Deutschen Nationalbibliografie; detaillierte bibliografische Daten
sind im Internet unter www.dnb.ddb.de abrufbar.

Umschlagabbildung: Detlef Kersten
Umschlaggestaltung: Sigrun Bönold

ISBN 978-3-86671-062-7

Aktualisierte dritte Auflage 2009
© 2006 Autorenhaus Verlag GmbH, Berlin

Umwelthinweis: Dieses Buch wurde auf chlorfrei gebleichtem,
säurefreiem Papier gedruckt.
Druck und Bindung: Westermann Druck Zwickau
Printed in Germany

Inhalt

Liebe Leserin, lieber Leser,

Kinderbuchautor zu werden – das ist also Ihr Wunsch? Sie denken sich gerne Geschichten für Kinder aus? Es macht Ihnen Freude, sie aufzuschreiben? Sie haben sogar schon begeisterten kleine Zuhörern aus Ihren Werken vorgelesen? Und nun sind Sie der Meinung, es sei an der Zeit, Ihre Geschichten der Öffentlichkeit vorzustellen – Glückwunsch! Denn dann kann Ihnen die Lektüre dieses Buchs viel ersparen, erleichtern, ermöglichen.

Ich erinnere mich noch genau – vor 17 Jahren war es: Mein erstes Kind war gerade im Kleinkindalter, mein zweites kurz vor seiner Geburt. Wir befanden uns auf dem Rückweg von Freunden, die wir für ein paar Tage besucht hatten. Sarah, das Kind unserer Freunde, und unser Sohn hatten entzückend miteinander gespielt. Dazu fiel mir eine Geschichte ein. Glücklicherweise lagen noch viele hundert Kilometer vor uns bis nach Hause. Glücklicherweise saß mein Mann am Steuer. Glücklicherweise verschlief unser Kind einen Großteil der Fahrt. Und glücklicherweise wurde mir nicht schlecht.

Denn: Ich wollte, ich musste schreiben.

Als wir zu Hause ankamen, war die Geschichte fertig. Meine erste Geschichte für Kinder! Ich fand sie großartig. Sarahs Mutter auch, der ich die Geschichte gleich zusandte. Wir waren uns einig, dass da etwas Besonderes entstanden war. Und waren uns sicher, dass die Geschichte unserer kleinen Lieblinge schon bald in einem Kinderbuch verewigt sein würde.

Um es kurz zu machen: Es ist nie so weit gekommen. Die Geschichte wurde nicht veröffentlicht. Nicht damals und auch nicht später. Wenn ich sie mir heute ansehe, wundert mich das nicht: Sie ist einfach nicht gut genug für eine Veröffentlichung!

Zweierlei fällt mir aus heutiger Sicht dazu ein:

Erstens:

Den eigenen Texten gegenüber sind die meisten Menschen nicht kritisch genug, besonders, wenn sie noch nicht viel Schreiberfahrung haben.

Zweitens:

Ich habe mich dennoch nicht entmutigen lassen. Ich habe nicht aufgegeben, denn ich hatte beschlossen, Kinderbuchautorin zu werden.

Ich würde nie sagen, dass ich es jetzt geschafft habe. Aber was ich geschafft habe, ist weit mehr als das, was mir damals vor 17 Jahren vorschwebte.

Ich möchte Sie an meinen Erfahrungen teilhaben lassen. Sie lesen, welche naiven Fehler und grotesken Erfahrungen ich gemacht habe. Aber auch, wie es immer besser lief mit dem Schreiben.

Als Reaktion auf die erste Auflage dieses Buchs habe ich unzählige Briefe und E-Mails von Lesern erhalten. Über Komplimente habe ich mich aufrichtig gefreut, Anregungen habe ich gerne aufgegriffen. Deshalb habe ich diese Neuausgabe auch überarbeitet und erweitert – in der Hoffnung, dass sie Ihnen noch mehr nützt und hilft.

Schreiben Sie mir per E-Mail: email@h-brosche.de oder besuchen Sie mich doch einfach auf meiner Homepage: www.h-brosche.de

Ich wünsche Ihnen viel Freude beim Schreiben!

Heidemarie Brosche

Und noch etwas:

Wie so viele Autoren vor und neben mir möchte auch ich meinen Leserinnen und Lesern sprachliche Schwerfälligkeit in Form von »der Autor/die Autorin«, »der Lektor/die Lektorin« ersparen. Ich werde mich deshalb auf die kürzere männliche Form beschränken. Und das ganz gewiss nicht aus Geringschätzung uns Frauen gegenüber!

1
Die Anfänge

Da saß ich nun. Eine wunderbare Geschichte auf dem Papier – zumindest hielt ich sie dafür – und keine Ahnung, wie ich sie an den Mann, sprich: Verlag, bringen sollte.

➤ Die erste Geschichte

Vielen anderen Menschen geht es sicher auch so: Sie haben eine wunderbare Geschichte für Kinder im Kopf. Und anschließend erzählen sie sie ihren Kindern.

Wenn Sie Kinderbuchautor werden wollen, müssen Sie Ihre Geschichten aufschreiben, möglichst bevor Sie sie erzählen. Denn wenn man eine Geschichte erzählt, ist sie manchmal »weg«, man kann sie nicht mehr oder nicht mehr so gut aufschreiben.

Das habe ich richtig gemacht.

Sie müssen aber auch sehr kritisch gegenüber Ihren Geschichten sein.

Das habe ich falsch gemacht.

Ich war zu schnell zufrieden. Ich war geblendet von meiner wunderbaren Idee und hatte keine Geduld, sie in Ruhe reifen zu lassen. Aber genau dieses Reifen kann Geschichten so gut tun. Vor allem Geschichten, die von Anfängern geschrieben werden:

- Weil sie noch unerfahren sind.
- Weil sie das Handwerk des Schreibens noch nicht so gut beherrschen.
- Weil ihr Blick für das Wesentliche noch nicht ausreichend ausgeprägt ist.
- Und: Weil sie vor lauter Anfängerstolz platzen.

Was also tun?

Bemühen Sie sich, Distanz zum eigenen Text zu gewinnen.

Da gibt es recht skurrile Ratschläge. Auf einem Autorenseminar hat man mir folgenden Tipp gegeben: Man pinne den Text an die Wand und lese ihn mit einem Fernglas. Rechtschreibfehler und unzusammenhängende Sätze fallen so deutlich ins Auge, aus der räumlichen Distanz wird auch eine innere Distanz zum Geschriebenen.

Diese Distanz kann man aber auch anders erreichen:

– Lassen Sie Ihren Text eine Weile liegen, ehe Sie ihn wieder lesen.

– Lesen Sie ihn sich oder anderen laut vor.

– Lassen Sie sich die Geschichte von einem anderen laut vorlesen.

– Unterziehen Sie Ihre Geschichte einem kritischen Kreuzverhör und stellen Sie so ketzerische Fragen wie die folgenden:

  – Wer soll meine Geschichte kaufen?

  – Warum sollte er sie kaufen?

  – Bringt die Geschichte etwas Neues, Originelles, Besonderes?

Wer eine Geschichte veröffentlichen will, darf sich nicht damit begnügen, sie selbst gut zu finden. Er sollte sich noch nicht einmal damit begnügen, dass alle Zuhörer aus dem Freundeskreis sie gut finden. Denn erstens reagieren die meisten Freunde begeistert, wenn wir Autoren ihnen »Selbst-Gedichtetes« vorlesen. Sie finden es einfach toll, dass wir so etwas können und – sie wollen schließlich weiterhin Freunde bleiben. Und zweitens haben die meisten Freunde wenig Ahnung von Veröffentlichungskriterien und Marktchancen.

Was Experten sagen

»Was macht ein Buch preiswürdig?« wurden Literaturkritiker anlässlich des fünfzigsten Geburtstages des Deutschen Jugendliteraturpreises (*Momo trifft Marsmädchen*) gefragt. Die Antworten spiegeln die Erwartungen der professionellen Literaturkritiker, die durchaus nicht mit der Meinung der Leser übereinstimmen müssen, aber sie enthalten wertvolle Hinweise für Autoren, die nicht wegen eines Literaturpreises, sondern einfach ein herausragendes Buch schreiben möchten:

»Ein Buch ist dann preiswürdig, wenn etwas Ungewöhnliches, Unerhörtes in einer literarischen Form dargestellt wird, die eine Herausforderung für den Leser bedeutet. [...] Ein Preisbuch braucht den Mut des Autors und den Mut des Verlags, sich auf literarisches Neuland zu begeben.«
Roswitha Budeus-Budde, Süddeutsche Zeitung

»Um Himmels willen sollen sie nicht pädagogisch sein – man merkt die Absicht und ist verstimmt.«
Stefan Hauck, Börsenblatt für den Deutschen Buchhandel

»Preiswürdig ist ein Buch, das Geschichten erzählt, die unbekannte Stimmungen und Bilder freisetzen. Die Seiten des Menschen, der Gesellschaft, der Welt entdecken, die bisher verborgen waren. Preiswürdige Bücher brechen die Grenzen des kleinen Blickes auf. Unerhört und mutig sind sie und so gut geschrieben, dass junge Leser sie ungern aus der Hand geben.« *Christoph Schmitz, Der Spiegel*

»Wer nichts zu erzählen hat, lasse es bleiben. Und Jurymitglieder, die nur auf Originalität fixiert sind, auf Manieriertheiten reinfallen und dabei mangelhaftes Handwerk übersehen, die sollen sich einfach mal hinsetzen und ein Bilderbuch vorlesen, laut vorlesen; nicht einem Alibi-Kind, sondern sich selber und sich dann fragen: Würde ich das immer wieder vorlesen?«
Hans ten Doornkaat, Neue Zürcher Zeitung am Sonntag

»Wenn es Herz und Verstand bewegt, wenn es die großen universellen Fragen des Lebens aufgreift, wenn es von Vertrautem neu, ungewohnt erzählt, wenn es überrascht, verblüfft, Lesegewohnheiten herausfordert, wenn es uns auch nach der Lektüre nachhaltig beschäftigt oder wir – etwa im Fall eine Bilderbuchs – immer wieder darin blättern und schauen wollen.«
Juliane Spatz, hr2 Hessischer Rundfunk

Wer also veröffentlichen und nicht für die Schublade produzieren will, sollte außer dem Schreiben viel lesen. Er sollte lesen und sich dabei über die gegenwärtige Kinderliteratur informieren. Das soll nicht heißen, einem kurzlebigen Trend hinterherzuhecheln. Aber es ist wohl so: Wer in der heutigen Zeit eine süße, allerliebste Geschichte über ein süßes, allerliebstes Käferlein zu Papier bringt, hat wenig Chancen auf dem Buchmarkt. Wer dem Fantasy-Trend hinterher jagt, obwohl die Verlage bereits auf Bergen von Fantasy-Manuskripten sitzen, der kommt einfach zu spät. Und was mit Leuten passiert, die zu spät kommen, weiß man ja ...

Mit den Trends ist das überhaupt so eine Sache. So erfolgreich diese aktuellen Themen eine Weile sind, irgendwann lässt das Leserinteresse nach. Und dann verkaufen sich gerade diese Themen eben gar nicht mehr. Wer vor hat, sich einem aktuellen Trend anzuschließen, sollte auch bedenken, dass Bücher üblicherweise eine lange Vorlaufzeit haben. Das heißt, vom Zeitpunkt der Manuskriptannahme bis zum Erscheinungstermin können Jahre vergehen.

Hinzu kommen Besonderheiten im Kinderbuchmarkt. Zum Beispiel war mir nicht bewusst, dass es ganz schwierig ist, als Anfänger mit einem Bilderbuch zu landen, denn die Herstellung eines Bilderbuchs ist sehr teuer. Außerdem gibt es eine Fülle von Bilderbüchern auf dem Markt und nur einige wenige, die sich wirklich gut verkaufen. Das macht Verlage natürlich vorsichtig, erst recht, wenn sie nicht sicher sein können, ob der Neuling sich auf dem Markt durchsetzen wird.

Eine der besten Informationsquellen sind natürlich Buchhandlungen mit guter Kinderbuchabteilung. Sie werden schon an der Präsentation erkennen, welche Art von Büchern aktuell sind und gut laufen. Im Gespräch mit Ihrem Buchhändler können Sie auch wertvolle Tipps bekommen, welcher Kinderbuchbereich und welche Themen besonders gefragt sind. Erfahren Sie auf diese Weise, dass immer eine gute Nachfrage in der Kategorie Erstleser besteht, könnten Sie sich gezielt mit Büchern im Erstleserregal beschäftigen und überlegen, ob und wie Ihre eigenen Ideen in diesem Bereich umzusetzen sind.

TIPP:

> Üben Sie das Schreiben, indem Sie schreiben – möglichst jeden Tag.
> Schaffen Sie Distanz zu Ihren eigenen Texten.
> Informieren Sie sich über die aktuelle Kinderliteratur.

Über das Schreiben von Kinder- und Jugendliteratur

Wer in sich den Wunsch verspürt, Kinderbuchautor zu werden, sollte sich bewusst machen, dass die Zielgruppe »ein ganzes Bauerndorf« ist, wie man so schön sagt. Nach den Bedürfnissen dieser Zielgruppen (und der Eltern) richten sich die Verlage mit ihren Programmen. Die Altersangaben sind nur ungefähr:

- Allerkleinste (bis 2 Jahre)
- Kleinkinder (bis 4 Jahre)
- Kindergartenkinder (bis 5 Jahre)
- Vorschulkinder (bis 6 Jahre)
- Erstleser (bis 7 Jahre)
- fortgeschrittene Erstleser (bis 9 Jahre)
- gute Grundschulleser (bis 10 Jahre)
- gute und ausdauernde kindliche Leser (bis 12 Jahre)
- so genannte Tweens, die sich nicht mehr als Kinder betrachten, aber auch noch keine Teenies sind (zwischen 9 und 14 Jahre)
- jugendliche Leser (ab 14 Jahre)
- junge Erwachsene (ab 16 Jahre)

Als ich mein erstes Buch damals im Auto schrieb, habe ich kaum einen Gedanken an eine Zielgruppe verschwendet. Mir fiel einfach diese Geschichte ein. Und so wie sie mir einfiel, habe ich sie aufgeschrieben.

Dieses Schreiben »aus dem Bauch heraus« kann durchaus gelingen. Muss es aber nicht. Auf jeden Fall ist es sicherer, wenn Sie sich genau überlegen, wen Sie mit Ihrem Text erreichen wollen und können.

Ein kleiner Tipp aus meiner Werkstatt: Später habe ich mir stellvertretend für die Zielgruppe oft ein konkretes Kind vorgestellt. Mein eigenes, mein Patenkind, eins aus der Nachbarschaft, die Schulfreundin meines Sohnes ... Würde dieses Kind durch mein Thema, meine Sprache, meinen Inhalt angesprochen werden? Würde es an dieser Stelle lachen? Würde es diesen Satz verstehen?

➤ Die Programmpalette im Kinder- und Jugendbuchmarkt

An diesen Altersgruppen orientiert sich eine breite Programmpalette, wobei die folgende Auflistung keinen Anspruch auf Vollständigkeit erhebt.

Wer wirklich genau Bescheid wissen will, *muss* sich über Programm und Profil der einzelnen Verlage informieren.

Papp- und Plastikbilderbücher
Sie richten sich an die Allerkleinsten. Oft sind sie nur bebildert. Wenn nicht, ist der Textanteil so gering, dass dafür meist kein Autor bezahlt wird. Oft entsteht der Text im Verlag oder wird vom Illustrator geliefert.

Bilderbücher, die sich mit Alltagsdingen beschäftigen
Hier geht es um Themen wie »Schlafen gehen«, »Sauber werden«, »Vom Schnuller loskommen«, »Auf dem Spielplatz«, »Bei einem Freund übernachten«, »In den Kindergarten kommen« ...
Texte zu solchen Themen haben manchmal Sachbuchcharakter, oft aber handelt es sich um kleine kindgemäße Erzählungen. Aufregung und Spannung spielen meist eine untergeordnete Rolle.

BEISPIEL:

1

»Wo ist mein Schnuller?«, fragte die kleine Königin und sah sich in ihrem Königinnenzimmer suchend um. Doch sie konnte den Schnuller nicht entdecken.

2

»Ich will jetzt endlich meinen Schnuller!«, befahl die kleine Königin und blickte zornig zu den Dienern. Doch auch die wussten nicht, wo der Schnuller geblieben war.

3

»Ich hab meinen Schnuller aber so lieb«, weinte die kleine Königin und warf sich verzweifelt auf den Boden. Doch der Schnuller blieb verschwunden.

4

»Ich kann doch nicht schlafen ohne meinen Schnuller«, schluchzte die kleine Königin und lutschte am Zipfel ihrer Schleppe. Doch vom Schnuller war nichts zu sehen. ...

(aus: Heidemarie Brosche, Die Prinzessin sucht ihren Schnuller, Carlsen/Pixi, 2003)

Bilderbücher, die – manchmal poetische – Geschichten erzählen
Diese Geschichten stellen einen höheren Anspruch an Originalität und Sprache.

BEISPIEL:

1

Eines Abends schwamm das kleine Seepferd
wie so oft im Meer herum.
Die kleine Wasserschnecke
war nicht zu Hause gewesen
und so langweilte sich das kleine Seepferd ein bisschen.
War denn hier keiner, mit dem man spielen konnte?

Plötzlich stutzte das kleine Seepferd.

Da hinten war etwas anders als sonst.

Irgendetwas leuchtete.

2

Schnell schwamm das kleine Seepferd näher.

Was war denn das?

Eine Perle.

Eine schimmernde Perle.

Das kleine Seepferd hatte noch nie etwas so Schönes gesehen.

Und etwas so Besonderes.

Das kleine Seepferd beschloss, seinen Schatz nach Hause zu bringen.

Behutsam nahm es die Perle auf und trug sie mit sich fort.

3

Hinter der roten Koralle

traf das kleine Seepferd auf die Schildkröte.

Sie war im Sand stecken geblieben

und brauchte dringend Hilfe.

Das kleine Seepferd überlegte kurz.

»Ich helf dir«, sagte es

und drückte mit all seiner Kraft gegen den harten Panzer.

So lange, bis die kleine Schildkröte frei war.

Zufrieden schwamm das kleine Seepferd weiter.

Doch plötzlich fiel ihm etwas ein.

Die Perle!

Wo war denn nur die Perle?

Sicher war sie während der Rettungsaktion verloren gegangen.

Aufgeregt fing das kleine Seepferd an zu suchen.

Aber die Perle war nirgendwo zu sehen.

(aus: Heidemarie Brosche, Wo ist meine Perle?)

Künstlerische Bilderbücher,
>   bei denen der Schwerpunkt auf der künstlerisch gestalteten
>   Illu-stration liegt.
>   Der Text steht demnach nicht so sehr im Vordergrund, muss
>   aber natürlich absolut zu den Bildern passen. Oft liegen Auto-
>   ren- und Illustratorentätigkeit in einer Hand.

Mini-Bilderbücher (wie Pixi-Bücher des Carlsen Verlages)
>   Sowohl reine Sachbücher wie Auf dem Bau als auch alle Ar-
>   ten des normalen Bilderbuches sind hier vertreten. Die Her-
>   stellung eines solchen Mini-Bilderbuches ist relativ billig, es
>   werden auch ständig neue gebraucht, was die Chancen für den
>   Autor erhöht. Das Honorar ist eher gering.

Vorlesegeschichtenbücher
>   Ein Autor schreibt zu einem bestimmten Thema, zum Beispiel
>   »Ostern«, »Piraten« oder »Fußball« mehrere Geschichten, die
>   entweder unabhängig voneinander sind oder insgesamt auch
>   wieder eine Geschichte ergeben.

BEISPIEL:

10. Kapitel: Timmis erstes Fußballspiel

»Raus mit euch«, sagt der Trainer, »lauft euch warm.«
Gleichzeitig mit ihnen stürmen die Remmelsbacher aus der Kabi-
ne. Einer sagt: »Hallo!«, alle anderen rennen ohne ein Wort nach
draußen. Timmi kann sich nicht vorstellen, dass sie gleich gegen
diese Jungen spielen werden.
Beide Mannschaften machen in verschiedenen Ecken des Spielfel-
des Aufwärmübungen. Dann stellen sie sich auf. Viel schneller, als
Timmi erwartet hat, ertönt der Anpfiff.
Gleich zu Beginn stürmen die Neuburger in Richtung gegnerisches

Tor. Doch die Abwehr der Remmelsbacher steht gut. Keinem der Neuburger Stürmer gelingt es, sich frei zu laufen. Die Remmelsbacher setzen zum Konter an. Da nimmt Laura einem der Spieler den Ball an der Mittellinie wieder ab und schlägt einen Steilpass nach vorne zu Igor. Der nimmt den Ball an, aber plötzlich ist einer der Gegner hinter ihm. Ehe Timmi sich versieht, wird Igor böse gefoult. Er windet sich auf dem Boden und schreit so sehr, dass Rudi zu ihm eilt. Auch der Schiedsrichter läuft zu Igor. Dann geht alles ganz schnell. Rudi trägt Igor vorsichtig zum Spielfeldrand.

»Timmi«, sagt er nur und zeigt aufs Spielfeld.

Timmi kann es gar nicht glauben. Schnell läuft er aufs Feld und bekommt auch schon den ersten Ball zugespielt. Mann, macht das Spaß! Er läuft, was das Zeug hält.

Plötzlich erreicht ihn ein Pass. Er stoppt den Ball und gibt ihn weiter an Laura. Die schießt aufs Tor. Der gegnerische Torwart wirft sich ins rechte Eck, doch Lauras Ball landet über den Kopf des Torwarts hinweg im Tor. Alles jubelt und stürmt zu Laura. Die stößt Timmi in die Seite und sagt schnell:»Toller Pass, Timmi!« Timmi freut sich riesig, aber das Spiel geht schon weiter. ...

(aus: Heidemarie Brosche, Timmi, der kleine Stürmer, KeRLE Verlag, 2006)

Anthologien,

also Sammlungen verschiedener Geschichten oder Gedichte verschiedener Autoren. Meist geht es auch hier um ein bestimmtes Thema oder Motto, zum Beispiel *Auch Bärenkinder werden groß.*

Erstleser-Bücher,

wobei es hier verschiedene Lesestufen gibt. Inzwischen bieten viele Verlage Erstlesebücher an. In ihren Lesestufen unterscheiden sie sich aber. Innerhalb eines Verlages und einer Lesestufe sind Textlänge und Aufmachung meist genau festgelegt.

Oft ist die *erste Stufe* die, in denen die Substantive durch Bilder, so genannte Vignetten, ersetzt sind. Wer hierfür schreibt, muss diese Vorgabe stets im Auge behalten. Wörter wie »Glück« und »Freude« lassen sich nun mal nicht gut bildhaft darstellen. Und aus »Svenja wundert sich« wird dann »Svenja reibt sich die Augen«.

BEISPIEL:

Svenja (Bild) steht vor der Badewanne (Bild).
In der Hand (Bild) hält sie
eine wunderschöne,
bunt bemalte Flasche (Bild).
»Badeschaum« steht darauf.
»Badeschaum für Kinder (Bild)«
Svenja (Bild) hat die Flasche (Bild)
von Oma (Bild) bekommen....

(aus: Heidemarie Brosche, Der Zauberer aus Badeschaum, Ravensburger, 2000)

Als *zweite Stufe* folgt oft die einer kurzen, einfach erzählten und in Sinnschritten gedruckten Geschichte.

BEISPIEL:

»Hey Judith,
spielst du mit uns Fußball?«
Die anderen Kinder
winken Judith fröhlich zu.
Judith winkt zurück,
aber sie kann jetzt nicht
Fußball spielen.
Sie muss dringend
Roller fahren....

(aus: Heidemarie Brosche, Abenteuer mit dem Roller, Ravensburger, 2001)

Die nächste Stufe – oder ebenfalls die zweite – kann die einer Sammlung mehrerer kleiner Geschichten zu einem Thema sein, zum Beispiel Indianergeschichten, Schulgeschichten, Freundschaftsgeschichten.

BEISPIEL:

Der erste Auftritt

Wenn es nur endlich losginge!
Ungeduldig hopst Wedel
hin und her.
Immer noch 37 Minuten
bis zur Geisterstunde!
Das ist ja nicht auszuhalten.
Kein anderes Gespenst
ist zu sehen oder zu hören.
Sicher schlafen sie alle noch.
Für sie ist der Spuk heute Nacht
ja auch das Normalste von der Welt:
Gespensterarbeit eben! ...

(aus: Heidemarie Brosche, Gespenstergeschichten, *Ravensburger, 2005)*

Meist folgt nun die Stufe des kleinen oder größeren Kinder-romans.

BEISPIEL:

Lisa zuckte zusammen.
»Bitte nicht«, dachte sie, »bitte lass das nicht
wahr sein!«
Doch da setzte Sportlehrer Hartmann schon
zu seinem typischen Räuspern an, und dann
wiederholte er laut und deutlich, was er der

Klasse soeben angekündigt hatte:
»Habt ihr gehört? Nächste Woche steht
unserer Schule überraschend die städtische
Schwimmhalle zur Verfügung. Deshalb werden
wir anstelle des Sportunterrichts zum Schwim-
men gehen. Denkt an eure Badesachen.«
Rund um Lisa war jetzt die Hölle los. Die Kinder
tobten vor Freude. Ali, ihr Banknachbar, sprang von
seinem Platz auf und stieß Lisa freudig in die Seite.
Normalerweise hätte sie freudig zurück gestoßen.
Wann gab es das schon mal, dass Ali sie zur
Kenntnis nahm. Diesmal aber rührte sie sich
nicht.
»... dürfen ... zum Schwimmen gehen.«
Wie das schon klang!
Ungefähr so wie: »Du darfst zehn Seiten Aufsatz
schreiben.«
Oder: »Du darfst Gemüsepampe schlürfen.«
Oder: »Du darfst einen Eimer Hunde-Pipi
trinken.«
Lisa schüttelte sich....

(aus: Heidemarie Brosche, Lisa und die Trickse-Hixe, arsEdition, 2006)

Kinderromane

Bei Verlagen, die Erstleser-Bücher so abgestuft anbieten, sind Kinderromane oft kaum von der letzten Stufe dieser Bücher zu unterscheiden. Der Vorteil für den Autor kann sein, dass sie von Themenwahl und Seitenanzahl her mehr Freiheiten bieten. Wird ein Roman der letzten Stufe kaum mehr als 100 Seiten haben, kann ein Kinderroman, der sich an fortgeschrittene Leser richtet, durchaus mehrere hundert Seiten umfassen.

Jugendromane

Sie erfordern vom Autor das ganz spezielle Geschick, Spannung mit altersgemäßen Themen und altersgemäßer Sprache zu verknüpfen. Jugendliche sind anspruchsvolle Leser. Sie wollen sich und ihre Probleme in Büchern wiedererkennen, ohne gelangweilt, belehrt oder mit Problemen überhäuft zu werden. Viele Jugendliche, vor allem männlichen Geschlechts, haben ohnehin fast aufgehört zu lesen. Wer sie erreichen will, hat sich eine schwere Aufgabe gestellt. Einer, dem dies meisterhaft gelungen ist, ist der leider so früh verstorbene Christian Bieniek. Mit seinen sehr humorvollen Büchern gelingt es sogar, lesemüde Hauptschüler zu begeistern.

BEISPIEL:

Caroline stieg in den Bus, kam lächelnd auf mich zu und setzte sich neben mich. „Morgen, Marcel!"

„Morgen", brummte ich.

„Endlich wieder Schule!"

Ich verzog das Gesicht.

„Was ist los?", sagte sie. „Du bist ja ganz blass. Hast du irgendein Problem?"

„Quatsch!"

Ich hatte nicht ein Problem, ich hatte einen ganzen Haufen davon: Die Osterferien waren vorbei, Birgit hatte mir nicht aus Hamburg geschrieben, in Mathe, Physik und Englisch stand ich glatt Sechs, Ute wollte nichts von mir wissen und mein Vater hatte vor einer halben Stunde seine Koffer gepackt und war zu seiner Freundin gezogen. Aber im Moment war mein größtes Problem, dass mein Walkman nicht funktionierte. Ohne ihn konnte ich mich nicht gegen eine Unterhaltung mit Caroline wehren. Ich schüttelte ihn kräftig und hämmerte darauf herum ...

(aus: Christian Bieniek, Immer cool bleiben, *Arena, 1993)*

Natürlich gibt es daneben auch jede Menge Jugendbücher, die nicht so sehr auf Humor setzen, sondern sich mehr oder weniger typischen Jugendichen-Problemen, wie Drogen, Außenseiter, Kriminalität, familiäre Probleme, Ess-Störungen widmen.

All-Age-Bücher

Das sind die Bücher, die von fortgeschrittenen Lesern im Grundschulalter bis hin zu Erwachsenen gelesen werden, von 9 bis 99 sozusagen. Bestes Beispiel: J. K. Rowlings »Harry Potter«-Bände oder Bücher wie Cornelia Funkes *Tintenherz* und *Tintenblut*.

Lyrik-Bücher

Es gibt sie ab dem Vorlesealter ab zwei Jahren, wie zum Beispiel *Himpelchen und Pimpelchen* herauf bis zu Hausbüchern für die ganze Familie wie *Dunkel war's, der Mond schien helle*.

Nachdem ich schon einige Zeit für Kinder geschrieben hatte, fielen mir immer wieder Geschichten in Reimform ein. Sie haben es zwar nie geschafft, zu einem eigenen Büchlein oder Buch zu werden, wurden aber doch abgedruckt – in verschiedenen Ausgaben des Velber-Jahrbuches, aber auch in Beschäftigungsbüchern, die ich später schrieb.

BEISPIEL:

Ich entdecke was

Heute gehe ich mal aus,
tret fast auf ein Schneckenhaus,
seh ein Blatt mit Spitzen dran,
einen Tannenzapfenmann,
und wenn ich durch Gräser geh,
eine klitzekleine Fee.

Eine Feder find ich auch,
einen Wurm mit dickem Bauch,
schimmernd buntes Scherbenglas –
finden tu ich immer was.

(Heidemarie Brosche)

Sachbücher für die verschiedensten Altersstufen
Dass Inhalt und Sprache vom Alter der Zielgruppe abhängig
sind, versteht sich von selbst, ebenso dass ein Sachbuch über
das Thema »Bau« für Fünfjährige anders aufgebaut und gestaltet sein muss als ein Buch über »Europa«, aus dem auch Erwachsene noch etwas lernen können.

Beschäftigungsbücher mit Geschichten, Gedichten, Liedern, Rätseln
In diesen Büchern werden dem lesenden Kind zahlreiche Vorschläge gemacht, wie es seine Zeit sinnvoll verbringen kann,
zum Beispiel wenn es draußen regnet (Beispiel: Heidemarie
Brosche, *Das Regenwetter-Mit-Mach-Buch*, Pattloch, 1995) oder
angepasst an den Jahreskreis (Beispiel: Heidemarie Brosche
und Astrid Rösel: *Mein fröhliches Kinderjahr*, Edition Bücher-
bär/Arena, 2001) oder anlässlich Geburtstagsfeiern (Beispiel:
Heidemarie Brosche, *Tolle Kinderfeste*, Weltbild, 1999)
Als Autor können Sie bei solchen Büchern sowohl Geschichten
und Gedichte, ja sogar Liedtexte aus eigener Feder als auch Bas-
tel-, Rezept- oder Spielvorschläge einbringen.

Lernhilfen im weitesten Sinne,
das heißt Bücher, die für das Lernen in der Schule oder für den
»Nachmittagsbereich« gedacht sind. Auch dies ist ja »Schreiben für Kinder« und erfordert Sach- und Fachwissen, altersge-
mäße Sprache und Einfühlungsvermögen. Dabei kann es sich
um Lernhilfen zu Sachthemen wie »Müll« oder »Zähne« eben-

so wie zu mathematischen oder rechtschriftlichen Problemen handeln.

Eltern-Kind-Ratgeber

mit passenden Geschichten, Gedichten und anderen Texten. Sie bieten dem Autor die Möglichkeit und Herausforderung, für Erwachsene *und* für Kinder in einem Buch zu schreiben. Meist gibt es eine Art Ratgeber- oder Informationsteil für die Erwachsenen und zusätzlich all dies, was bereits unter »Beschäftigungsbücher« genannt wurde. (Beispiel: Heidemarie Brosche, *Endlich komme ich in die Schule*, Edition Bücherbär/ Arena, 2001)

➤ Welche Themen?

Manche Themen sind altersabhängig, andere sind immer aktuell. Manche gibt es einmal, andere immer wieder. Manche sind geschlechtsspezifisch, andere nicht.

In Texten für kleine Kinder wird es immer wieder um Themen wie »Schlafen«, »Angst«, »Spielen«, »Fahrzeuge«, »Tiere« gehen.

Bücher für Grundschulkinder brauchen Spannung und Abenteuer. Hier aber kommt es darauf an, ob man für Mädchen oder Jungen schreibt.

Bücher über Pferde oder Ballett werden vor allem von Mädchen gelesen, ebenso wie die über Hexen, Zauberer, Drachen und andere Sagenwesen, wogegen Bücher über Fußball, Detektive, Indianer, Piraten und Ritter eher Jungen ansprechen.

Tierbücher im Allgemeinen und Alltagsgeschichten aus der Erfahrungswelt der Kinder, die sich um Schule, Familie, Freundschaft drehen, richten sich gleichermaßen an Jungen wie Mädchen.

Daneben gibt es so viele Erstleser-Themen, dass sich auch hier ein Blick auf die Verlagsprogramme der einzelnen Verlage lohnt.

Von Grundschulzeiten an (Beispiel: Peter Härtlings *Ben liebt Anna*) – genau genommen noch früher, wie das Erfolgsbilderbuch *Weißt du eigentlich, wie lieb ich dich hab?* von Sam McBratney zeigt, – spielt das Thema »Liebe« eine Rolle. Selbstverständlich gewinnt es ab der Pubertät an Bedeutung, ja wird gar eines der zentralen Themen. Hier wiederum haben sich in den letzten Jahren auch spezielle Nur-für-Mädchen- und Nur-für-Jungen-Reihen entwickelt.

Beliebt sind ab dem Grundschulalter Abenteuergeschichten à la »Fünf Freunde« und Krimis, in denen meist die Kinder zu erfolgreichen Ermittlern werden.

Spätestens seit dem Harry-Potter-Boom hat sich der Fantasy-Bereich einen festen Platz im Kinder- und Jugendbuchmarkt erobert.

Was den Sachbuchbereich betrifft, gibt es nun wirklich kaum ein Thema, das nicht abgedeckt wird: Tiere, Natur/Umwelt, Geschichte, Technik/Wissenschaft/Medien, Sterne/Raumfahrt, Fahr- und Flugzeuge, Körper/Sinne/Aufklärung, Dinosaurier, Kunst und Kind, Ritter/Burgen, Reisen/Atlanten, Sport, Religion, außerdem Nachschlagewerke.

➤ Vielfältige Verwertungsmöglichkeiten

Was mir selbst erst allmählich bewusst wurde: Wenn ich als Autor ein bestimmtes Thema im Kopf habe, bin ich noch nicht festgelegt auf die Form. Denn ein bestimmtes Thema lässt sich in den verschiedensten literarischen Formen verarbeiten.

Würde ich Kindern gerne etwas über »Pferde« mit auf den Weg geben, weil ich selbst mich kompetent fühle, ein gewisses Sendungsbewusstsein verspüre und originelle Ideen im Kopf habe, dann könnte ich mir verschiedene Formen vorstellen. Hier ein paar Beispiele:

- Bilderbuchtext
- viele kleine Geschichten über Pferde
- Kinderroman
- Kindersachbuch
- Pferdegedicht
- Bastelvorschläge rund ums Thema »Pferd«

Umgekehrt gibt es auch für ein und dieselbe literarische Form verschiedene Veröffentlichungsmöglichkeiten.
Ein Gedicht über Frühling kann in

- einer Anthologie,
- einer Kinderzeitschrift,
- einem Beschäftigungsbuch,
- einem Frühlingsbuch,
- einem Lyrik-Buch,
- und sogar als eigenständiges kleines Bilderbuch

seinen Platz finden.

TIPP:

> Informieren Sie sich über die Profile und Programme der einzelnen Verlage!
> Informieren Sie sich über Möglichkeiten der Veröffentlichung in den verschiedenen Programmbereichen!
> Prüfen Sie sich selbstkritisch hinsichtlich Ihrer Begabungen!
> Versuchen Sie flexibel mit Ihren Ideen umzugehen!

Fünf Thesen zum Schreiben von Kinderbüchern von Peter Härtling

Peter Härtling hatte sich bei der Verleihung des Deutschen Jugendbuchpreises 1976 »mit einer Hand voll Thesen, einer Anleitung zum Schreiben für Kinderbücher« bedankt:

1. Du darfst dich als Autor nicht verraten. Du darfst dich nicht niederbeugen, nicht klein machen.

2. Lerne einfache Sätze schreiben. Das heißt aber nicht: kindische. Mute deiner Sprache, wie auch sonst, alles zu, denke aber daran, dass du deinen Lesern, den Sieben- bis 14-Jährigen keine Unverständlichkeiten zumutest. Du willst sie erreichen, du willst, dass sie mit deiner Hilfe zur Literatur finden.

3. Es heißt so einfach: Der Mensch ist ein soziales Wesen. Du kannst davon erzählen. Du kannst deine Kritik, deine Wut, deine Hoffnung anschaulich machen in Geschichten und deine Leser – ohne den didaktischen Finger zu heben – provozieren zum Nachdenken, zum Mitdenken und vielleicht auch zum Handeln.

4. Fast alle deine Leser reiben sich an den offenen, fragenden Themen deiner Erzählungen. Offenbar neigt jeder dazu, zu harmonisieren, sich ein Happy End zu wünschen. Schreib so spannend, so beteiligt, dass das Fragezeichen am Ende anregt zum Weiterdenken.

5. Beschreibe Wirklichkeiten – aber so, dass sie die Phantasie nicht lähmen, den Traum nicht ausschließen. Hilf den Kindern nicht, mit der Literatur aus der Wirklichkeit zu fliehen. Hilf ihnen, ihre Welt zu verstehen, zu durchschauen, zu bezweifeln, zu befragen und, wenn es nötig ist, anzugreifen. Hilf ihnen in ihrer Liebe, in ihrem Zorn, beim Lachen und beim Weinen. Wer seine Gefühle aussprechen kann, ist schon weiter.

Aus: »*Phantasie des Anfangs,* von Peter Härtling, *in Momo trifft Marsmädchen – Fünfzig Jahre Deutscher Jugendliteraturpreis,* Arbeitskreis für Jugendliteratur, München o.J.

Das Handwerk des Schreibens

von Astrid Rösel

Schreiben für Kinder – nichts einfacher als das! Denkt so mancher. Denn es muss den lieben Kleinen ja nur erklärt werden: Was auf der Welt so passiert und wie wir Menschen edel, hilfreich und strebsam zu sein haben. Kinder natürlich besonders, denn die müssen den guten Menschen ja erst noch lernen, den sie im Leben werden sollen. Und weil die lieben Kleinen ja so süß sind, wird auch ganz süß geschrieben.

So entsteht dann vielleicht die Geschichte vom lieben Osterhasenkind Zuckerschnute und davon, wie es lernen muss, dass manchmal auch das Bemalen von Ostereiern Arbeit sein kann, die als Lebensaufgabe frohgemut zu tun ist. Der Lohn kommt gewiss – zum Schluss beobachtet Zuckerschnute dann die leuchtend glänzenden Äuglein der kleinen Lisa, die nach langer schwerer Krankheit zum ersten Mal wieder das Licht einer Ostersonntagssonne im Garten erblickt und, oh Freude, die liebevoll bemalten Eierlein findet – nachdem wir die spannende Suche danach unter jedem einzelnen Grashalm des großelterlichen Rasens hälmchengenau erzählt bekommen haben. Als Schluss bietet sich dann ein Reim an: Ob Menschen- oder Hasenkind/ ein jedes lerne nun geschwind:/ Dem andern Glück zu bringen/ soll täglich dir gelingen!

So etwas wird natürlich niemals veröffentlicht werden und kein Kind dieser Welt wird es jemals freiwillig lesen.

Gegen nichts reagieren Kinder allergischer als gegen erhobene Zeigefinger – lassen Sie Ihren pädagogischen Zeigestock also im Schrank, wenn Sie für Kinder schreiben!

Natürlich wollen wir in unseren Texten auch ein Stück Welt

zeigen und erklären. Trotzdem darf der Text nicht als Erwachsener daherkommen, der den Kleinen etwas beibringen will.

Auf der anderen Seite dürfen wir uns beim Kind auch nicht anbiedern, dem Kinde zu Munde reden, überhaupt den Vorsatz haben: Jetzt überreden wir es, unser Buch zu lesen!

Erzählen Sie die Geschichte, die Sie sehen. Malen Sie mit Worten die Bilder, die Sie sehen. Aber erklären Sie nichts.

Denn es gibt nur zwei Möglichkeiten: Entweder Ihre Bilder enthalten die Botschaft, die Ihnen am Herzen liegt, und der Leser kann diese selber sehen. Dann wird Ihr Buch sein Herz berühren. Oder Sie haben nicht gut genug geschrieben – und dann nützen kalte Erklärungen, die bloße Behauptungen bleiben, auch nichts mehr. Die Leser werden Sie damit nicht erreichen.

Betrachten Sie Ihre jungen Leser als Partner!

Besonders in Kinderbüchern muss die Sprache einfach und klar sein. Das klingt banal, ist aber die wichtigste Regel für Kinderbuchautoren. Und achten Sie darauf, dass Sie keine langen Sätze schreiben!

➤ Wortschatz

Der Wortschatz muss selbstverständlich der Altersgruppe angemessen sein. Aber was ist angemessen? Das ist nicht immer eindeutig zu beantworten, denn es kommt oft auf die äußeren Lebensumstände an. Ein Beispiel: Kennen vierjährige Kinder das Wort »Komposthaufen«? Auf dem Dorf sicher, in der Stadt bestimmt nicht alle.

Daran schließt sich eine weitere Frage an: Sollten vierjährige Kinder dieses Wort kennen und – mehr noch – wissen, wie Kompost entsteht? Sollen Kinder nicht auch lernen durch Bücher und warum nicht neue Wörter und ihre Bedeutung? Aber ja doch, sollen sie – würde ich bei diesem Beispielwort antworten. Außerdem dürfte »Kompost« den vorlesenden Erwachsenen nicht in Wissenslücken stoßen (auch daran sollten wir beim Schreiben denken).

Es ist also Fingerspitzengefühl gefragt. Haben Sie immer vor Augen, ob Sie für ein dreijähriges Kindergartenkind, ein achtjähriges Schulkind oder einen vierzehnjährigen Jugendlichen schreiben – und entscheiden Sie danach, ob Sie »elektrischer Strom«, »Atomkraftwerk« und »Kernspaltung« verwenden.

Eine andere Ebene ist der Fachwortschatz, zum Beispiel bei einer Indianergeschichte. Hier kommen Sie um ein Wort wie »Wigwam« nicht herum. Warum auch? Benutzen Sie es einfach! Jeder Erwachsene wird es erklären können. Und genau diese Worte gehören ja auch zur Atmosphäre eines Textes über diese andere Kultur.

Kennen Sie »Fangus«? Ich hörte dieses Wort erstmals in einer Geschichte, die eine Teilnehmerin in einem Schreibkurs vorlas. Die Gruppe war gespalten, einigen war dieses Wort geläufig, anderen erging es wie mir. Im Gespräch ergab sich, dass dieses Wort in Kindergärten der Region üblich war – darüber hinaus jedoch unbekannt. Besser ist es, dieses Wort durch das allgemein verständliche »Fangen spielen« zu ersetzen.

Vorsicht bei Worten, die in einem bestimmten Personenkreis üblich sind, dazu gehören auch Dialektworte. Bewusst eingestreut und so verwendet, dass sich auch Außerregionale deren Bedeutung erschließen können, geben sie einzelnen Figuren etwas Persönliches und machen sie lebendig und farbig.

➤ Zeitform

Ich bevorzuge das Präsens für Kinderliteratur, weil man sich in der Gegenwart direkter im Geschehen fühlt (»Paul läuft die Straße entlang.«). Außerdem vermeide ich so eine Anhäufung sich ständig wiederholender Hilfsverben, wenn ich in einem Präteritumstext (»Paul lief die Straße hinunter.«) vorher Geschehenes erzählen muss und zwangsläufig immer wieder im Plusquamperfekt lande (»Paul lief die Straße hinunter, die er noch nie gesehen hatte. Er hatte Hunger, denn er hatte heute noch nichts gegessen. Aber er hatte kein Geld dabei, weil er es zu Hause vergessen hatte.«)

Wahrscheinlich wählen Sie intuitiv eine Zeitform, die Ihnen liegt, wenn Sie einen Text beginnen. Schreiben Sie probehalber den Anfang in eine andere Zeitform um, also aus Gegenwarts- in die Vergangenheitsform oder umgekehrt. So finden Sie schnell heraus, ob die gewählte Zeitform für Ihren Text geeignet ist.

➤ Grammatik

Eine Sprache besteht nicht nur aus Worten, sondern auch aus der Grammatik, die aus den Worten Sätze baut. Verzichten Sie von vornherein auf komplizierte grammatikalische Strukturen besonders für kleinere Lesekinder. Und genauso für Vorlesekinder und ihre vorlesenden Erwachsenen, von denen es nur wenigen gelingen wird, im ersten Anlauf einen Hauptsatz mit drei eingeschobenen Relativsätzen verständlich betont vortragen zu können.

Infinitivsätze mit »zu« sollten nicht zu sehr erweitert werden: »Paul entschließt sich in diesem Moment zu versuchen, mit aller ihm zur Verfügung stehenden Kraft den Ball wie noch keinen zuvor an seinem Kumpel Max vorbei in das vor ihm stehende Tor zu schießen.« Einfache Formen sind solchen umständlichen Konstruktionen überlegen: »Paul entschließt sich, mit aller Kraft den Ball ins Tor zu schießen.«

Vorsicht auch vor angehäuften Verben: »Die Fensterscheibe hätte nicht besser getroffen worden sein können«. Meist klingt übrigens das Aktiv weitaus lebendiger als das mitunter recht steife Passiv.

Gelegentlich wird vom Konjunktiv II generell abgeraten – diese Ansicht teile ich nicht. Ich sehe darin eine Ausdrucksmöglichkeit, die einfach zu unserer Sprache gehört und Kindern geläufig werden sollte:»Sophia würde gern einmal auf genau diesem Rappen reiten.« Oder: «Maria hätte gern mehr Zeit für ihr Pferd, aber...«.

Konjunktiv I hingegen, die indirekte Rede, hat im Kinderbuch nichts zu suchen, sie kann frühestens im Jugendbuch eingesetzt werden und auch dort sollte man sich dies sehr genau überlegen.

➢ Stil

Oberster Grundsatz ist: Imitieren Sie nicht einen Stil, den Sie besonders gut finden. Suchen und finden Sie Ihre eigene Sprache. Selbstverständlich können Sie zur Übung andere Autoren nachahmen, um dadurch im Laufe der Zeit zu Ihrem eigenen Stil zu finden. Aber bieten Sie Verlagen keine Imitate an, Originale sind gefragt.

Und noch etwas: Beim Schreiben für Kinder ist Ironie völlig verboten! Kleinere Kinder erkennen gar keine Ironie, nehmen alles wörtlich, was ein Erwachsener sagt.

Der Umgang mit Ironie wird erst allmählich erlernt und lange bleibt eine hohe Unsicherheit gegenüber Ironie, zumal ein verspätetes Erkennen von Ironie als persönliche Blamage empfunden wird oder schlimmer noch: als ein bewusstes Hinters-Licht-Führen durch den anderen.

Beim Schreiben für das Erstlesealter schließlich ist noch das so genannte Schreiben in Sinnschritten zu beachten. Dazu ein Beispiel:

»Gespenster-Benimm-Buch«
steht auf dem Umschlag.
Entschlossen schlägt Wedel es auf.
Er liest: Gespenster
Dürfen nicht ans Tageslicht.
(aus: Heidemarie Brosche, Gespenstergeschichten, Ravensburger 2005)

➤ Titel

Vielleicht werden Sie enttäuscht sein: Titel sind Verlagssache. Selbstverständlich können Sie einen Titel vorschlagen, entscheiden wird jedoch der Verlag – und das ist auch gut so. Abgesehen von allen literarischen Aspekten muss geklärt werden, ob es bereits ein Buch dieses Titels gibt. Vor allem jedoch hat der Verlag mit seinen Vertretern den direkten Draht zu Buchhändlern und Käufern und somit die weitaus besseren Chancen, einen wirklich zugkräftigen Titel zu finden.

Nennen Sie Ihren Titel am besten gleich »Arbeitstitel«. Das entlastet Sie außerdem, gleich am Anfang diese schwierige Aufgabe perfekt lösen zu wollen.

Manchmal ist ein Titel sofort da, dann nehmen Sie diesen natürlich. Wenn nicht – verschwenden Sie keine Zeit! Geben Sie Ihrem Text in Form eines Arbeitstitels eine Art Motto wie zum Beispiel »Laura sucht eine Freundin«. Oder ein Thema wie zum Beispiel »Einsamkeit von Laura (8)« – besser, origineller muss ein Arbeitstitel gar nicht formuliert sein! Sie können auch den Namen der Hauptfigur nehmen. Schreiben Sie einfach etwas Titelähnliches hin und beginnen Sie mit dem Schreiben!

Während des Schreibens kommen oft nebenbei gute Titelideen, zum Beispiel kann eine besonders prägnante Formulierung ins Auge fallen. Für den ersten Eindruck beim Verlag wäre das natürlich nicht hinderlich – aber verlieben Sie sich nicht in diesen Titel und schwören Sie ihm keinesfalls auf immer und ewig Treue!

Heidemarie Brosche nannte ein Manuskript, das sie einem Verlag anbot, *Ein Geschenk für Tina* (und nur dieser Titel kam für sie in Frage!). Der Text gefiel auf Anhieb und wurde gern veröffentlicht – allerdings unter dem Titel *Ich hab dich lieb, große Schwester*.

➤ Figuren

Die Figuren sollten ein bis zwei Jahre älter sein als das Kind, das liest oder dem vorgelesen wird. Denn Kinder wünschen sich älter zu sein und Geschichten von Jüngeren sind für sie »Babykram«. Sie sehen, wie wichtig es ist, eine konkrete Vorstellung zu haben, für wen Sie schreiben.

Kinder sind im Idealfall ursprünglich, wollen ihre Interessen direkt umsetzen, ihren Gefühlen freien Lauf lassen. Erwachsene haben oft manches von sich versteckt (vor den anderen und sogar vor sich selber) und denken gelegentlich über den Sinn der Welt und andere abstrakte Dinge nach.

Kinder sind neugierig auf das Leben, das sie dringend und sofort erfahren wollen, Erwachsene haben so ihre Erfahrungen gesammelt, was sie nicht selten als ihren Schatz bezeichnen, und bedienen sich daraus nicht immer, aber immer öfter. Diese Unterschiede müssen wir natürlich beachten.

Andere Grundsätze beim Schaffen fiktiver Figuren gelten in der Kinderliteratur wie in der Erwachsenenliteratur. So geht es immer um die richtige Mischung aus dem Leserähnlichem und dem Leserfremdem. Mit dem Ähnlichen bieten wir ihm die Möglichkeit, sich mit der Figur zu identifizieren. Mit dem Fremden locken wir ihn, da möchte er Neues erfahren. In der Kombination kann er dann gemeinsam mit der Figur, die ihm nahe steht, seine Träume leben.

Ist die Figur hingegen zu fremd oder bewegt sie sich in einer Welt, die dem Leser zu entfernt ist, wird es ihn nicht in das Buch hineinziehen. Beim Thema ist das ja einleuchtend: Ein Pferdebuch hat eben seinen ganz bestimmten Leserkreis, über den es kaum Chancen hat hinauszukommen. Gleiches gilt aber auch für den Grundcharakter der Figur.

Ein Zauberer, eine Hexe, ein sprechendes Tier – alles weit von unserer Realität entfernt und somit einem Menschenkind eigentlich sehr fremd. Doch er, sie, es denken, fühlen, handeln absolut menschlich und somit können wir uns mit ihnen identifizieren und unsere Träume, zum Beispiel vom Zaubernkönnen, beim Lesen ausleben.

Ist die Figur hingegen zu ähnlich, bietet sie dem potentiellen Leser zu wenige Möglichkeiten, etwas Neues erfahren zu können. Was ein Kind von sich selber kennt und was es in seinem Alltag bereits erlebt hat, ist nichts Neues und kein Kind wird sich die Mühe machen wollen, alles nochmals Buchstabe für Buchstabe zu lesen.

➤ Namen

Während man an einem Titel immer noch arbeiten kann (wenn man die Zeit und Energie investieren will), sollten die Namen von Anfang an da sein. Sie sind etwas sehr Persönliches und verbinden sich rasch mit den Figuren, sowohl in Ihrem Kopf als auch auf dem Papier. Deshalb empfehle ich Sorgfalt bei der Namenswahl und dass diese von Anfang an zur jeweiligen Figur passen sollten. Mir zum Beispiel ist der Wechsel eines Namens irgendwann nicht mehr möglich, ohne dass sich die gesamte Figur verändert. Aber jeder macht eigene Erfahrungen, wie Heidemarie Brosche in diesem Buch berichtet.

Zum Finden passender Namen gehören Kreativität und Talent – oder die richtigen Hilfsmittel. Da sind zunächst einmal Vornamenbücher. Ich habe zwei davon, die sich durchaus unterscheiden – halten Sie ruhig mehr als eines am Schreibtisch bereit. Und am besten kaufen Sie alle paar Jahre ein neues. (Ja, ich bevorzuge die altmodische Papierform, aber selbstverständlich gibt es auch im Internet unzählige Vornamen-Datenbanken.)

Blättern Sie in aller Ruhe Ihre Vornamenbücher durch. Und notieren nach dem Gefühl die Namen, die passen könnten. Haben Sie danach mehrere, suchen Sie passende Nachnamen. Das hilft, sich schließlich für einen der Vornamen zu entscheiden. (Auch wenn für Kinderfiguren oft nur deren Vornamen benutzt werden!) Für die Nachnamensuche kann ein Telefonbuch nützlich sein. Beim Blättern werden Sie schnell feststellen, dass es Sie zu bestimmten Anfangsbuchstaben hinzieht.

Wichtig ist auch die Länge des Namens. Soll es ein kurzer, prägnanter Name sein oder ein längerer, der Zeit braucht gelesen zu werden – oder passt gar ein Doppelname, der auch noch ein kleines Stück Familiengeschichte repräsentiert? Beachten Sie aber auch das Schriftbild – wie wirkt es? Ist es leicht lesbar? Müssen es wirklich »Jaqueline« und »Golden Retriever Howard« für das Erstlesealter sein?

Sprechen Sie den Namen laut aus und lauschen Sie dessen Klang nach. Dunkle Vokale wirken schwerer als helle – vergleichen Sie einmal »Barbara« und »Birgit«. Gelegentlich ergeben sich lautmalerische Namen. Was grundsätzlich nicht abzulehnen ist, aber bleiben Sie kritisch und entscheiden im Einzelfall, ob Frau Blupp und Mister Platsch wirklich witzig oder eben doch nur bemüht witzig oder gar albern sind für die Figuren, die sie gerade erschaffen.

Achten Sie auch auf den Ort der Handlung – es gibt Namen, die typisch sind für eine Region, bei »Settele« denkt man beispielsweise an Schwaben, bei »Plettenberg« an Norddeutschland.

Und beachten Sie die Generationen, denn neben einigen wenigen »Evergreens« wie Christian tauchen die meisten Namen nur eine gewisse Zeit lang auf und werden dann ungebräuchlich (bis sie früher oder später erneut in Mode kommen). Selbstverständlich können Sie auch ein achtjähriges Kind Elfriede nennen – aber Sie müssen sich über die (fiktiven) Folgen im Klaren sein: Dass es zum Beispiel gehänselt wird, weil die Oma eines Nachbarkindes so heißt. Dazu ein Tipp: Jedes Jahr wird eine Liste der gebräuchlichsten Vornamen in Deutschland veröffentlicht, nachzulesen unter: www.beliebte-vornamen.de – hier finden Sie von 1890 an bis zum Vorjahr eine Rangliste mit bis zu 120 Namen.

Wenn Sie sich einmal die verwendeten Vornamen in veröffentlichten Kinderbüchern ansehen, wird Ihnen eines auffallen: Beliebte Vornamen tauchen auch besonders häufig auf. Was kein Zufall ist – denn die Oma kauft ihrem Enkel Lucas ganz besonders gern ein Buch, in dem es um einen tollen Jungen namens Lucas geht! Und das können Sie jetzt als kleinen Tipp nehmen.

➢ Handlung

Wie die Sprache muss auch die Handlung einfach und klar strukturiert sein. Verwenden Sie nicht zu viele Figuren und achten Sie darauf, diese schrittweise einzuführen.

Konzentrieren Sie sich auf eine Handlung und verzichten Sie auf ein kompliziertes Geflecht von Nebenhandlungen.

Oberstes Gesetz: Es muss spannend sein! Gerade Kinder sind gnadenlose Kritiker, die langweilige Texte sofort in die Ecke werfen oder bei Lesungen den Autor mit dem sofortigen Entzug ihrer Aufmerksamkeit abstrafen.

Sie sollten deshalb gleich in die Handlung hineingehen, mitten in eine Szene. Das ist spannender als in den ersten drei Absätzen die Landschaft des Handlungsortes zu beschreiben, im vierten die historischen Hintergründe der Kulturlandschaft und im fünften die Familienchronik der Hauptfigur.

Lassen Sie sofort erkennen, um was es in der Geschichte geht! Und stellen Sie Ihre Hauptfigur(en) im Handeln vor, dann werden sie lebendig erscheinen.

Schreiben Sie nicht: »Tobias war ein lebhaftes Kind.« Das ist eine Beschreibung von außen – die kann der Leser glauben oder nicht. Schreiben Sie: »Seit Tobias nach Hause gekommen war, rannte er zwischen seinem Zimmer und der Küche hin und her.« Jetzt sieht der Leser Ihre Figur in Aktion! Welche Sie je nach Geschichte weiter beschreiben können: Was macht er in seinem Zimmer, was im Wohnzimmer, mit wem spricht er und worüber?

Für die Spannung ist es wichtig, von vornherein klarzustellen, um welchen Konflikt es geht und welche Ziele die Figuren verfolgen – nur so wird der Leser ins Geschehen hineingezogen werden.

Im weiteren Handlungsverlauf darf der Spannung natürlich nicht der Atem ausgehen. Geschichte und Figuren dürfen nicht zum Stillstand kommen, sondern müssen sich immer weiter entwickeln. Damit sind sowohl äußerliche Abläufe gemeint als auch innere Stimmungen und Gefühle, die von den Figuren erlebt werden und diese zu weiteren Handlungen motivieren.

Achten Sie darauf, dass in jeder Szene, in jedem Abschnitt, in jedem Satz die Handlung vorangetrieben wird – und kämpfen Sie gegen jedes Wort, dass Sie nicht unbedingt brauchen! Nur so bleibt die Spannung im Fluss und der Leser im Text.

Astrid Rösel ist Autorin von Gegenwarts- und Kriminalhörspielen und von Kinderbüchern, teils als Koautorin mit Heidemarie Brosche. Seit 1995 gibt sie Schreibkurse und ist als freie Lektorin tätig.   www.astridroesel.de

4

Kinderfiguren im Wandel
Ein Werkstattbericht

von Kirsten Boie

Zur Vorbereitung dieses Werkstattberichts habe ich meine Figuren aus den letzten zwanzig Jahren betrachtet; für mich war das eine spannende Gedankenreise durch die Entstehungsgeschichte meiner Bücher.

Sehr schnell nämlich ist mir deutlich geworden, von welcher Fülle ganz unterschiedlicher Faktoren die Gestaltung der Kinder-Figuren (zumindest bei mir) abhängt, mit von Buch zu Buch unterschiedlicher Gewichtung: Von der tatsächlichen Realität der Kinder zu einer Zeit zum Beispiel, vom gerade herrschenden Kindheitsbild, von pädagogischen und psychologischen Strömungen, von der jeweiligen Auffassung von den Aufgaben der Kinderliteratur, von dem ja einem starken Wandel unterworfenen Leseverhalten der Kinder, von meinen politischen, psychologischen und sonstigen Überzeugungen, von meinen Erfahrungen (vor allem früher als Kind und heute mit Kindern), von meinen Interessen und Möglichkeiten, meiner eigenen Lektüre (vor allem als Kind) und natürlich auch vom Genre.

Und wieder hat sich bestätigt, was ich ja längst wusste: dass nämlich die Wirklichkeit, wie ich sie wahrnehme, beim Schreiben immer eine größere Rolle gespielt hat als literarische Vorgaben. Was ich damit meine, kann ich vielleicht am besten deutlich machen, wenn ich das Gegenteil beschreibe, etwas, das ich Buch-Bücher nennen möchte: Kinderbücher, die primär auf anderen Kinderbüchern basieren, so dass sie – im schlimmsten Fall – auch ein Wesen geschrieben haben könnte, das sein Leben auf dem Mars verbracht und niemals die Erde besucht, dafür aber

reichlich Kinderbücher gelesen hätte; Bücher, die ihr Kindheits-
und Kinderbild aus der Kinderliteratur der zwanziger und fünf-
ziger Jahre statt aus der Realität beziehen, so dass in ihnen eine
permanente Selbstbefruchtung der Kinderliteratur durch Kinderliteratur stattfindet, ohne dass jemals eine Insemination durch
die Wirklichkeit zugelassen würde. So entstehen dann Bücher,
deren Handlung und Figurenarsenal uns allen seit Kästner irgendwie bekannt vorkommen, auch wenn sie ständig variiert und neu
kombiniert werden. Kinder allerdings lieben diese Bücher häufig
sehr, da sie (a) oft primär Wunschbefriedigung betreiben und (b)
dem Leser keine große Anstrengung abverlangen. Hat man die
Muster einmal kennen gelernt, begegnet man ihnen in jedem
neuen Buch wieder, das ist entlastend und erzeugt beim Leser,
der immer schon weiß, wie es weitergehen wird, ein Gefühl von
Kompetenz, indem es die Erwartungen, die nach den ersten paar
Seiten aufgebaut sind, später auch befriedigt.

Allerdings sollte man trotzdem sehr vorsichtig sein mit einer
grundsätzlich kritischen Beurteilung der Bücher in diesem Spek-
trum: denn während sich einerseits viel Seichtes dort tummelt,
findet sich doch ab und zu auch Wunderbares und geradezu Klas-
sisches; nicht alles, was sich wiederholt, ist ja darum gleich ein
Klischee.

Ich habe früh gemerkt – das war keine bewusste Entscheidung
– dass dies nicht meine Art von Texten ist. Wie stark die Gestaltung meiner Figuren von Anfang an von meinen Realitätserfah-
rungen abhängig war, wird schon an meinen beiden ersten Büchern, *Paule ist ein Glücksgriff* und *Mit Jakob wurde alles anders*
deutlich. Nicht nur die Themen beider Bücher hatten eine große
persönliche Bedeutung für mich (*Paule* ist die Geschichte eines
adoptierten Kindes, und ich hatte überhaupt nur angefangen zu
schreiben, weil mir das Jugendamt nach der Adoption des ersten
Kindes die Wiederaufnahme der Berufstätigkeit untersagt hatte;

Jakob schildert den beruflichen Rollentausch in einer Familie, ein Modell, das mein Mann und ich geplant hatten, hätte das Jugendamt auch weiterhin verlangt, dass ein Elternteil zu Hause bliebe); auch die Figurengestaltung hängt deutlich mit meinem damaligen Erfahrungsstand zusammen. In beiden Büchern verhalten sich zum Beispiel die Eltern ungewöhnlich pädagogisch und klug: Hier fehlte mir damals noch jede eigene Erfahrung, und daher gestaltete ich die Eltern so, wie es mir aufgrund meines Wissens über Familienpsychologie richtig erschien - wenn sie natürlich auch wenigstens manchmal ein kleines bisschen unperfekt sein durften. Man könnte sogar spekulieren, ob eine gewisse Idealisierung nicht auch damit zusammenhängt, dass hier antizipierte eigene Erfahrungen durchgespielt werden, dass diese Figuren also quasi Modelle für die eigene Zukunft waren.

Die Gestaltung der Kinderfiguren basiert entsprechend, da ich ja noch kaum Erfahrungen mit eigenen Kindern gesammelt hatte, vor allem auf meinen Erinnerungen an die eigene Kindheit, ein bisschen auch auf Erfahrungen als Lehrerin mit Schülern, und natürlich wieder auf all dem, was ich an Theorien kannte. In späteren Büchern dagegen liegt Kinder- wie Elternfiguren ein großer Fundus an eigenen Erfahrungen zugrunde, die Eltern sind daher keineswegs mehr so perfekt, sind öfter ungeduldig, unpädagogisch, unordentlich, nicht mehr nur immer nur auf das Wohl des Kindes bedacht, sondern durchaus auch auf ihr eigenes, und auch bei der Gestaltung der Kinderfiguren spielen zunehmend Erfahrungen mit meinen Kindern und ihren Freunden eine Rolle - wobei diese Erfahrungen natürlich andererseits meine eigenen Kindheitserinnerungen permanent wieder aktiviert haben.

Auch sich wandelnde pädagogische Moden haben Einfluss genommen – oder auch gerade nicht. Bis vor knapp zehn Jahren habe ich bei Lesungen von Studenten und anderen engagierten Erwachsenen manchmal den Vorwurf gehört, meine Bücher täten

so scheinheilig fortschrittlich, die Kinder, vor allem die Mädchenfiguren, wären stark, aber letztlich wären es dann doch immer
die Erwachsenen, die überall die Entscheidungen träfen, wirklich
gleichberechtigt wären die Kinder nicht. Wer weiß, ob ich mich
nicht hätte verunsichern lassen, hätte ich nicht als inzwischen
erfahrene Mutter gelernt, dass Eltern eben doch nicht nur Begleiter und Freunde, sondern, ob sie mögen oder nicht, doch auch
Bestimmer sein müssen. Heute käme vermutlich niemand mehr
so leicht auf den Gedanken einer derartigen Kritik, die Notwen-
digkeit von Grenzen ist in aller Munde und wird über die BILD-
Zeitung verbreitet. Ich warte also inzwischen darauf, dass meinen
Elternfiguren vielleicht demnächst der entgegengesetzte Vorwurf
gemacht wird.

In diesen Kontext gehört auch die Frage nach der Beziehung
zwischen der Gestaltung der Figuren und kinderliterarischen Moden wie gesellschaftlichen Überzeugungen. Man kann sie ganz
wunderbar am Wandel der Jungen- und Mädchenfiguren betrachten. Zu meiner eigenen Überraschung priesen frühe Kritiken
meine Bücher als Beispiele der Gestaltung pfiffiger Mädchen- und
sensibler Jungenfiguren, was mich freute. Ich unterdrückte darum
meine Zweifel an einem ja doch relativ eindimensionalen Lob, bis
dann zum ersten Mal eins meiner Bücher, *Lisas Geschichte, Jasims
Geschichte,* heftig kritisiert wurde, weil in ihm ein ca. vierzehnjähriges Mädchen als politisch abstinent, nur an Kleidung, Schmin-
ke, Jungen interessiert dargestellt wird, während ihr zwei Jahre
älterer Bruder sich politisch engagiert. So sollte es wenigstens in
den Büchern nicht sein, wollte die Kritik, wenn es doch schon in
der Realität allzu häufig so war. Bücher sollten, das war die impli-
zit dahinter stehende Auffassung, in ihren Protagonisten Vorbild-
funktion haben. Bei mir setzte daraufhin ein heftiger Denkprozess
ein. Der Glaube, der Leser folge in seinen Überzeugungen, womöglich sogar seinen Handlungen, dem Entwicklungsprozess der

Figuren, erschien mir schon immer zwar sehr sympathisch, aber trotzdem ein klein wenig naiv. Außerdem wollte ich Figuren so gestalten dürfen, wie ich sie im jeweiligen Kontext für realistisch hielt, nicht, wie politische und gesellschaftliche Überzeugungen, und wären es auch meine eigenen, es vorschrieben. Natürlich gibt es zum Glück auch in der Realität reichlich pfiffige Mädchen, und so tauchen sie auch in meinen Büchern immer wieder auf; und ebenso gibt es sensible Jungen, und für sie gilt das Gleiche: Aber da auch genügend Beispiele für das Gegenteil existieren, wollte ich mir doch die Freiheit bewahren, auch sie darstellen zu dürfen. Mirjam Pressler hat schon vor Jahren einen wunderbaren Artikel zu diesem Thema geschrieben, dazu, wie sich neue Jungen und neue Mädchen in der Kinderliteratur gerade in neue Klischees verwandeln. Im Augenblick warte ich übrigens darauf, dass eben das mit den neuen Vätern passiert.

Durch die Erfahrungen mit meinen Kindern hielt dann, und das ist für unser Thema heute wahrscheinlich wesentlich interessanter, die moderne Kindheit Einzug in meine Bücher. Obwohl ich nie vorher von verinselter, verplanter oder Medienkindheit, von Verhandlungs- oder Patchworkfamilien gehört hatte, las ich zu meiner Überraschung, dass ich sie in meinen Büchern dargestellt hätte. Dabei war das keinerlei Verdienst: Die Kinderfiguren in den Büchern verhielten sich einfach, wie sich die Kinder um mich herum verhielten, und die gingen eben nicht mehr einfach so spontan auf die Straße, um sich draußen mit anderen Kindern, womöglich noch in einer Bande, zu treffen; die mussten, sobald sie alt genug dazu waren, telefonieren, bevor sie sich mit einem Freund oder einer Freundin – und zwar meist auch nur mit einem oder einer – treffen konnten; und das außerdem auch keineswegs auf der Straße oder im Gewirr der Hinterhöfe, sondern im Kinderzimmer, im Garten oder unter Elternbewachung auf dem womöglich mit dem Auto angesteuerten Spielplatz oder an einem anderen, speziell für das gefahrlose Spiel von Kindern geschaffenen Ort. Ein Buch wie »Mittwochs darf ich spielen« zum Beispiel, in dem eine massiv geförderte Erstklässlerin fast zusammenbricht, als ihre Tante sie eine Woche lang betreut und sie zu keinem ihrer vielen Termine fährt – Freundinnen zum Spielen findet sie natürlich auch nicht, denn die haben ja auch ihre Termine – verdankt sich ganz einfach solchen Erfahrungen.

Ähnliches gilt auch für die Mediennutzung der Figuren. Hier hatte ich verblüffende Entwicklungen schon als Lehrerin bei meinen Schülern erlebt, die zum Beispiel in den größeren Pausen nach Hause flitzten, wenn einer von ihnen ein spannendes Video ausgeliehen hatte: Wirkliche Kindheit war längst schon Medienkindheit, als ich vor zwanzig Jahren anfing zu schreiben. Darum ging es mir auch nie allein darum, moderne Medien mehr oder weniger nur als Dekoration einzubauen – denn vor allem die neuen, sich ständig weiter entwickelnden Kommunikationsmedien haben Kindheit und Jugend etwa im Hinblick darauf, wie Kontakte aufgebaut und gehalten werden und eine wie große Zahl von ihnen über welchen Zeitraum beizubehalten möglich ist, massiv verändert. Begonnen hat das schon vor Jahrzehnten mit dem ganz normalen, altmodischen Telefon. Selbst kleinste Kinder begannen, sich per Draht zu verabreden; einfach unangemeldet bei Freunden an der Tür zu klingeln war schon vor zwanzig Jahren peinlich, weil der Besuchte den Besucher dann nicht erwartete und unter Umständen schon mit einem anderen Freund spielte. Und das Spielen zu dritt war schon damals nicht beliebt, da bestimmte Kinderpaare auch jeweils ganz eigene gemeinsame Spiele haben: Mit diesem Freund spiele ich Lego, mit dem Fußball und mit dem Playstation.

Inzwischen haben die Kommunikationsmedien aber noch viel massiver und tiefgreifender in den Kinderalltag eingegriffen: Wer ein Kind in einem Buch sein Handy nur so benutzen lässt, wie es früher in der Zeit vor ISDN das einzige Familientelefon genutzt hätte, übersieht, wie gravierend die Rolle von SMS (aber auch, auf andere Weise, von Emails) heute ist, etwa beim Anknüpfen von Kontakten zwischen den Geschlechtern. Die eher beiläufigen, zu nichts verpflichtenden, nicht kompromittierenden, zudem von den Eltern gänzlich unbemerkten Möglichkeiten sind so ungemein gewachsen, dass man als Mensch, der sensible Kontakte noch Auge in Auge oder zumindest live am Telefon knüpfen musste, nur neidisch werden kann. Und überlegen Sie, wie viel unabhängiger heutige Kinder und Jugendliche dadurch von der Kontrolle durch die Eltern sind. Kinder- und Jugendlichenfiguren in Kinder- und Jugendbüchern, die in der Gegenwart spielen, haben damit einen anderen Alltag, und auch die Handlungen der Bücher (vor allem von Liebesgeschichten!) müssen darum zum Teil anders angelegt werden.

Beim Schreiben meines letzten Buches, *Skogland*, wurde mir plötzlich bewusst, dass ein vierzehnjähriges Mädchen heute nirgendwo ohne sein Handy hingehen würde, und dass daher bestimmte Handlungsverläufe notwendig geändert werden mussten, die noch aus der Zeit vor dem Handy (und aus Büchern aus der Zeit vor dem Handy) in meinem Kopf herumgeisterten. Ich habe sogar mit meinem Provider telefoniert, um herauszubekommen, unter welchen Bedingungen man den Standort eines Handys aufspüren kann; mit eingeschaltetem Handy kann ein Jugendlicher sich heute z.B. nicht mehr so ohne weiteres verdrücken oder entführt werden, bei der Planung von Handlungsverläufen müssen derartige Dinge bedacht werden.

Mit dem Einzug moderner Technologien ins Kinderbuch verbunden ist allerdings auch die Gefahr, dass sich die Technik so schnell weiter entwickelt, dass Kinder später unter Umständen nicht mehr verstehen, wovon bei einem Gerät überhaupt die Rede ist. Ein Beispiel ist das Quix, das in meinem Buch *Nicht Chicago, nicht hier* eine ganz entscheidende Rolle spielt. Heutige Leser waren Kleinkinder, als Quixe und andere Pager für nur eine Saison vor der flächendeckenden Einführung des Handys in der Hosentasche kaum eines Jugendlichen fehlten; sie können sich nicht mehr daran erinnern und brauchen daher bei der Lektüre des Buches Hilfestellung. Die schwedische Übersetzung erklärt in einem knappen Vorwort, was ein Quix war, eine andere Übersetzung hat es kurzerhand in ein Handy verwandelt, was aber nicht gut funktioniert, da die Kommunikation mit dem Quix eine völlig andere war als die mit dem Handy und eine ganz entscheidende Passage des Buches so eigentlich nicht mehr logisch ist.

Aber hier soll es ja hauptsächlich um die Figuren gehen. Nachdem ich fünf Jahre lang zumeist heitere Kinder- und Jugendbücher geschrieben hatte, wurde mir plötzlich bewusst, dass eine bestimmte Gruppe von Kindern und Jugendlichen in meinen Büchern bisher überhaupt nicht aufgetaucht war, und das waren diejenigen, die in sozialen Brennpunkten in Verhältnissen leben müssen, von denen wir in der Mittelschicht zumeist nicht den Hauch einer Vorstellung haben, es sei denn, wir wären zum Beispiel Sozialarbeiter, oder auch, wie ich es Anfang der achtziger Jahre war, Lehrer an einer dortigen Schule. Die Kinder und Jugendlichen, die ich dort kennen gelernt hatte, entsprachen in nichts dem romantischen Klischee, das wir aus manchen Jugendbüchern kennen und das sich vermutlich dem Klischee vom edlen Wilden verdankt, sie waren nicht so einfach durch die Güte und das Verständnis eines plötzlich auftauchenden neuen Lehrers zu erreichen und in gute Menschen zu verwandeln, die sich fortan dem Kampf gegen den Neofaschismus und der Betreuung von Außenseitern verschrieben, sie waren auch keineswegs immer so lieb und sympathisch, wie ich mir das gewünscht hätte. Zwischen diesen Kindern und denen, die ich vorher am Gymnasium in einem feineren Hamburger Vorort kennen gelernt hatte, lag ein Graben, so breit, dass er vermutlich kaum ohne weiteres zu überbrücken sein würde, weil die Unterschiede sich längst in den Persönlichkeiten der Kinder festgesetzt hatten. Über einen solchen Jungen wollte ich also jetzt ein Buch schreiben und stellte dabei fest – und das ist ganz wichtig, weil ich bisher ja nur über Inhalte, nicht über Formales gesprochen habe – dass ich dazu neue Wege gehen musste. Ich ließ den Jungen also in *Ich ganz cool* in seiner eigenen Sprache erzählen, die keineswegs eine schöne Sprache ist, weshalb es auch recht viel Ärger gab. Aber diese Figur wäre in ihrer Persönlichkeit, in der spezifischen Art ihres Wahrnehmens und Fühlens anders nicht darstellbar gewesen. Neue Kinderfiguren brauchen also unter Umständen auch neue Formen der Darstellung, auch weil sich ihnen veränderte Entwicklungsaufgaben stellen und weil wir diese mit den herkömmlichen Mitteln, die für eine andere Zeit geschaffen wurden, nicht zu packen kriegen.

Für die Erwachsenenbelletristik wird das Thema seit Jahrzehnten diskutiert. Wo der Glaube an die Sinnhaftigkeit der Realität und ihrer Strukturen verloren gegangen ist, kann kein auktorialer Erzähler mehr glaubhaft chronologisch und monoperspektivisch sein Universum entfalten, angemessen erscheinen vielmehr Polyperspektivik und Zeitsprünge. Und wo auch das Individuum nicht mehr als einheitliche Persönlichkeit, sondern als sich aus verschiedenen Rollen konstituierend, noch dazu die eigene Geschichte ständig re-interpretierend gesehen, wo sogar das klassische Identitätskonzept insgesamt in Frage gestellt wird, da werden auch andere Formen der Figurenkonstitution nötig, als sie uns aus den klassischen literarischen Mustern vertraut sind. Das bekannteste Beispiel für den Versuch, mit der Individuumsproblematik umzugehen, ist vermutlich Max Frischs „Stiller". Aber wohin würde uns die konsequente Anwendung solcher Überlegungen in der Kinderliteratur führen, wo wir doch auch immer die Rezeptionsmöglichkeiten der Zielgruppe im Blick behalten müssen – entwicklungspsychologisch wie auch durch die bisherigen Lektüreerfahrungen bedingt? Vieles, was einem Gegenstand literarisch am ehesten angemessen wäre, ist in der Kinderliteratur aus rezeptionspraktischen Gründen ausgeschlossen.

Übrigens sehen wir im Augenblick – in der Kinder- wie der Erwachsenenliteratur, vor allem aber in dem, was sich »all age« nennt – eine andere Art, auf den verlorenen Glauben an die Sinnhaftigkeit der Welt, auf Hilflosigkeit und fehlende Utopien zu reagieren. Wo die eigene Welt undurchschaubar und beängstigend wird, weichen wir in den Büchern aus in phantastische Parallelwelten, eine literarische Reaktion auf deprimierende Veränderungen der Realität, wie sie seit der Romantik bekannt ist und wie sie uns nun, spätestens seit »Harry Potter«, wieder begegnet.

Und natürlich bleibt auch das nicht ohne Auswirkungen auf die Figuren. Dass sich auch abhängig vom Genre die Gestaltung der Figuren stark unterscheidet, möchte ich darum noch an zwei sehr unterschiedlichen Büchern deutlich machen, zum einen dem psychologischen Kinderroman *Mit Kindern redet ja keiner*, zum anderen an dem Buch *Die Medlevinger*, einer Mischung aus Krimi und Fantasy, das damit ganz und gar in die gegenwärtige Strömung der Kinderliteratur gehört. Beim Schreiben eines eher psychologisch orientierten Buches haben die Figuren bei mir alle Freiheiten. Natürlich ist ein Handlungsverlauf locker geplant – wenn sich aber im Schreibprozess herausstellt, dass die Hauptfigur niemals, niemals täte, was ich für sie vorgesehen hatte (einfach dadurch, dass mein Unterbewusstsein mir jetzt ein Wissen darüber zuspielt, wie sich bestimmte Menschen in bestimmten Situationen verhalten – ein Wissen, das mein Bewusstsein bei der Planung einfach noch nicht zur Verfügung hatte), dann wird eben die gesamte Handlungskonzeption über Bord geworfen. Das Buch orientiert sich an der Psyche der Figuren; dass die Figur realistisch ist, fühlt, denkt, sich verhält wie ein wirkliches Kind in einer wirklichen, vergleichbaren Situation, ist das Entscheidende, das Schreiben ist zugleich ein Erkundungsprozess. Die Figur steht im Mittelpunkt, die Handlung ist zweitrangig, entwickelt sich, selbst wenn sie vorher anders geplant war, überhaupt erst wirklich beim Schreiben. In jedem Fall gilt hier: Zuerst kommt die Figur mit ihrer jeweiligen Persönlichkeit, ihren Themen und Problemen, erst an zweiter Stelle folgt daraus die Handlung.

Ganz anders sieht das bei den Figuren in eher handlungsstarken, eventuell handlungskomplexen Texten mit mehreren verschlungenen Fabelsträngen, usw. aus, zum Beispiel im Kriminalroman. Hier ist der Entwicklungsraum der Figuren gering. Stellt sich nämlich beim Schreiben plötzlich heraus, dass eine Figur sich nie im Leben so verhalten würde, wie ich das in meiner Planungsphase angedacht hatte – dass also, um ein extremes Beispiel zu wählen, der Mörder aufgrund all dessen, was ich inzwischen über ihn geschrieben habe und damit über seine Persönlichkeit weiß, niemals gemordet hätte - dann tut es mir zwar Leid und es ist schade für ihn, aber er hat keine Chance: Gemordet werden muss. Verhielte er sich nämlich plötzlich anders, als ich es in meiner Planung ursprünglich für ihn vorgesehen hatte, die gesamte Textstruktur bräche zusammen. Ein Mörder, der nicht mordet, ist für einen Krimi nutzlos. Daher haben die Figuren in dieser Art von Text, hier also in den *Medlevingern,* bei mir keinen wirklichen Entwicklungsraum, mein Unterbewusstsein darf sich nicht halb so oft einschalten, die Handlungsplanung bestimmt, was an – im Voraus geplanter, festgelegter - Figurenpsychologie zulässig ist.

Sind solche Texte dazu auch noch fantastisch oder sogar in fantastischen Welten angesiedelt, wie ein Teil der *Medlevinger* das ist, kommt generell eine zusätzliche Schwierigkeit hinzu. Sobald die Figuren beim Schreiben nämlich nicht mit unserer Realität, mit dem wirklichen Leben konfrontiert sind, müssen sie auch nicht darauf reagieren und auch beim Autor werden nicht die selben realistischen Assoziationen wachgerufen wie bei einem realistischen Text. Wenn ich zum Beispiel einen Sonntagsausflug mit der Familie (zwei Kinder auf der Rückbank) im heißen Auto und womöglich im Stau schildere, dann weiß ich aus häufiger schrecklicher Erfahrung – und es fällt mir beim Schreiben wieder ein –, wie es dabei riecht, wie es sich anfühlt, wie die verschiedenen Personen reagieren, wie die vorbeiziehenden Autokolonnen durch das Fenster aussehen und was sie beim einen oder anderen Passagier an Reaktionen auslösen, wie sich allmählich ein Gefühl von Unwohlsein, Unmut, dann von Wut aufbaut, usw. Meine Figur wird, wenn sie im Auto sitzt, vielleicht nicht so reagieren, wie ich in einer vergleichbaren Situation reagiere, aber ich besitze doch einen reichen Fundus an Gefühlen und Erfahrungen, aus denen sie schöpfen kann und die beim Schreiben spontane Assoziationen auslösen, die Figur und Handlung dann, zum Teil sogar gegen meine Planung, weiter entwickeln. Ganz anders geht es mir, wenn ich in einer fantastischen Geschichte den Flug in einer Raumkapsel schildere, den ich nie erlebt habe: Wie um Himmels Willen riecht es in einer Raumkapsel, und welche Assoziationen stellen sich bei meinen Figuren bei diesem Geruch ein? Welche Geräusche gibt es, welche körperlichen Gefühle? Alles, was hier im Schreibprozess spontan assoziativ entstehen könnte, geht nicht auf meine realen Erfahrungen, sondern auf Bücher, Filme, meinetwegen auf Computerspiele zurück. Die Figuren, ihr Verhalten, ihre Gefühle und Gedanken stammen in dieser Situation aus zweiter Hand und wir landen, wenn ich nicht sehr, sehr aufpasse, mehr oder weniger bei dem, was ich ganz am Anfang geschildert habe, bei den Buch-Büchern, die auch ein Marsmensch schreiben könnte. Ich vermute, es hängt auch mit diesen genrebedingten Begrenzungen bei der Gestaltung von Figuren zusammen, dass viele Kritiker, aber auch Autoren, im gegenwärtigen Fantasyboom bei manchen Büchern der Fantasy (zum Glück längst nicht bei allen) ein Unbehagen spüren, da sie vor allem auf dem Gebiet der Figurenpsychologie häufig ein wenig flach bleiben.

Ich möchte zum Abschluss noch etwas zu den konkreten Methoden der Figurengestaltung sagen, die ich in unterschiedlichen Texten genutzt habe. Eins der wichtigsten Mittel ist natürlich der Dialog. Daran, wie eine Figur spricht, nicht nur, welche Wörter sie wählt, wie komplex ihr Satzbau ist, sondern auch daran, wie sie mit anderen kommuniziert, lässt sich unendlich viel deutlich machen über ihre Persönlichkeit. Aber auch die Charakterisierung im Dialog ist wieder genrebedingt unterschiedlich. In einem realistischen Gegenwartsroman etwa würde ich meine Figuren durchaus so nah an der Jugendsprache sprechen lassen, wie sie das in einer gegebenen Situation auch in der Realität täten und wie es mir eben möglich ist, obwohl ich mir sehr wohl der Gefahr bewusst bin, dass sich gerade Jugendsprache rasend schnell überholt: Aber einen Jugendlichen, der mit Handy und PC operiert, per W-Lan an diversen Hotspots online geht, sprechen zu lassen, als wäre er sein eigener Vater, erscheint mir wenig überzeugend. In einer eher klassisch angelegten, eventuell auch in einer fantastischen Geschichte oder einer Geschichte mit fantastischen Elementen, selbst wenn sie in der Gegenwart mit der ganzen Fülle ihrer Medien stattfindet, würde ich die Sprache neutraler halten, trotzdem aber natürlich versuchen, den verschiedenen Personen ihren ganz eigenen, zu ihrer Person passenden Sprachduktus zu geben.

Von zentraler Bedeutung für die Figurengestaltung ist außerdem die jeweilige Erzählperspektive. Ich kann, erstens, meine Figur als auktorialer Erzähler allwissend von außen wie von innen gestalten, indem ich dem Leser sämtliche Informationen über sie, womöglich gleich am Anfang und gebündelt gebe, vielleicht sogar noch versehen mit einer Leseradresse: *Der König war ein großer, starker Mann, streng aber gerecht, der leuchtend blaue Augen und goldenes Haar sein eigen nannte, doch an diesem Morgen war er vor Gram*

gebeugt. Gerade die Bedeutung, die das Äußere einer Figur vor allem heute, in den Zeiten der absoluten Dominanz der visuellen
Wahrnehmung, für Kinder hat, sollte man nicht unterschätzen.
(In Leserbriefen ausgerechnet zu demjenigen meiner Bücher, bei
dem ich das am wenigsten vermutet hätte, nämlich *Nicht Chicago, nicht hier,* kritisieren die Leser häufig, dass das Aussehen der
Figuren fehle, man wüsste doch gerne, ob sie groß oder klein,
blond oder dunkelhaarig seien.) Ich habe unter meinen bisher
erschienen Texten, bis auf einige wenige Bilderbücher, soweit ich
den Überblick habe, keinen, in dem ich so vorgegangen wäre, ich
halte es aber für ein durchaus sinnvolles Verfahren in Texten für
jüngere Kinder, die häufig noch damit überfordert sind, sich Informationen über eine Figur aus einer komplexeren Textstruktur
erst im Verlauf der Geschichte herauszuklauben.

Ich kann meine Figuren außerdem, und das tue ich in den allermeisten meiner Bücher, in personaler Perspektive quasi von
innen, aber nicht als Icherzähler gestalten, indem ich zwar in der
dritten Person, aber immer nur das erzähle, was auch meiner Figur zugänglich ist: Hierbei, und das ist ein wunderbares Verfahren
für fortgeschrittene Leser, charakterisiere ich meine Figur hauptsächlich indirekt, indem ich dem Leser zeige, wie sie die Welt
wahrnimmt und auf sie reagiert. Sieht sie an einem grauen Morgen nur die Wolken und hat immer schon gewusst, dass es ausgerechnet an diesem Tag natürlich wieder einmal regnen würde,
oder ist sie sich ganz sicher, dass die Wolken sich bis zum Mittag
wieder verzogen haben werden und findet außerdem einen Re-
gentag zwischendurch eigentlich ganz gemütlich? Wie sieht sie
andere Personen, kritisch, eher freundlich, naiv, ironisch? Die
personale Perspektive, in der zwar die Perspektivfigur, durch deren Augen wir sehen, scheinbar den Rahmen steckt, in der es aber
doch immer noch der Erzähler und durch ihn der Autor ist, der
den Fabelverlauf und die Aufmerksamkeit des Lesers lenkt, bie-

tet ganz wunderbare und komplexe Möglichkeiten der Figurengestaltung sowohl der Perspektivfigur wie auch, auf völlig andere Weise, aller anderen Figuren. Zwei vollkommen gegensätzliche Texte, in denen ich diese Erzählform genutzt habe, sind *Man darf mit dem Glück nicht drängelig sein* und *Nicht Chicago, nicht hier.* In beiden Fällen glaube ich, dass der Rest von Distanz, den der zwischengeschaltete Erzähler schafft, es dem Leser sehr viel besser ermöglicht, sich auf die zum Teil sehr belastenden Erfahrungen und Gefühle des jeweiligen Protagonisten einzulassen, als es bei der großen Nähe und der direkten Konfrontation einer Ich-Erzählung möglich gewesen wäre.

Einerseits eingeschränkter als beim personalen Erzählen, dafür aber sehr viel direkter, sind die Möglichkeiten bei der Wahl eines Ich-Erzählers. Hier hat es der Leser nun nur noch mit seiner Figur zu tun, deren Persönlichkeit sich im Verlauf des Erzählens immer mehr rundet. Vor allem die Sprache dieser Figur, aber auch der von ihr wahrgenommene Ausschnitt der Wirklichkeit und die Art ihrer Wahrnehmung gibt entscheidende Hinweise auf soziale Herkunft, Alter und Persönlichkeit. Die Möglichkeiten für den Autor sind hier phänomenal. In *„Ich ganz cool"* habe ich sie, das hatte ich ja schon gesagt, vor vielen Jahren genutzt, um eine Figur fast ausschließlich, jedenfalls zum entscheidenden Teil, aus ihrer Sprache zu entwickeln. Völlig anders erzählt dagegen die neunjährige Charlotte in *Mit Kindern redet ja keiner* von der Depression und dem anschließenden Suizidversuch ihrer Mutter, wieder ganz anders und eher altklug die siebenjährige Erzählerin in *Mittwochs darf ich spielen* von ihrem verplanten, verinselten Verabredungsalltag.

Eine weitere spannende Möglichkeit der Figurencharakterisierung ergibt sich daraus, die Figur selbst in einem Buch gar nicht in Erscheinung treten zu lassen, sondern sie nur aus den − zum Teil vielleicht sogar widersprüchlichen, in jedem Fall sich allmählich aber immer mehr zu einem komplexen Bild zusammenfügenden – Äußerungen anderer entstehen zu lassen. So habe ich es in *Erwachsene reden, Marco hat was getan* versucht: Dreizehn Bewohner eines kleinen Ortes berichten über einen Jugendlichen, der ein von Ausländern bewohntes Haus angezündet hat. Dabei entsteht dann notwendig nicht nur das Bild des Jungen, sondern gleichzeitig auch das der Menschen, die sich an ihn erinnern, und genau das war mir bei diesem Thema wichtig.

Mir würden durchaus noch andere mögliche Varianten der Figurenzeichnung einfallen, von denen ich aber noch nie Gebrauch gemacht habe: die objektive Perspektive, die Figuren ausschließlich von außen zeigt und jeden Rückschluss auf ihr Inneres dem Leser überlässt, die ich aber im Kinderbuch vor allem wegen der dadurch erschwerten Identifikationsmöglichkeit für problematisch halte; oder die äußerst seltene, aber hochspannende Du-Erzählung, in der eine Figur als Gegenüber des Ich-Erzählers allein aus dessen Anrede entsteht. Ich unterlasse es aber, darüber nachzudenken. Denn dies ist ein Werkstattbericht; und es wäre daher unsinnig, über Dinge zu sprechen, die in meiner Werkstatt niemals entstanden sind.

Aus einem Vortrag von Kirsten Boie, gehalten auf der Tagung des Arbeitskreises für Jugendliteratur in der Akademie Tutzing zum 50. Jubiläum des deutschen Jugendliteraturpreises.

Kirsten Boie wurde 1950 in Hamburg geboren. Sie studierte Deutsch und Englisch, promovierte in Literaturwissenschaft und war von 1978 bis 1983 Lehrerin an einem Gymnasium und an einer Gesamtschule, bevor sie für Kinder und Jugendliche zu schreiben begann. Inzwischen sind zahlreiche Bücher von ihr erschienen, die mit den verschiedensten Literaturpreisen ausgezeichnet wurden. Heute zählt Kirsten Boie zu den renommiertesten deutschen Autorinnen des modernen Kinder- und Jugendromans.

5

Autor werden

Als ich noch Lehrerin war, hatte ich an einem Schreibwettbewerb eines Rundfunksenders teilgenommen. Einen Monat lang hatte ich Tagebuch über meine berufliche Tätigkeit geführt, mein Werk bei dem Wettbewerb eingereicht – und es war gesendet worden. Damals hatte ich das befriedigende Gefühl erlebt, vom eigenen Text selbst überzeugt zu sein und ihn dann auch noch veröffentlicht zu sehen. Danach hatte ich leider, solange ich noch berufstätig war, nicht mehr die Kraft gefunden, mich an größere Texte zu wagen. Kein Musenkuss weit und breit! Und so hatte es nun bis zum Muttersein gedauert, bis ich das Schreiben wieder für mich entdeckte.

Nun hatte ich wenige Monate vor Entstehung meines ersten »Kinderbuchs« die Ankündigung eines Volkshochschul-Schreibkurses in der Zeitung entdeckt und mich begeistert eingeschrieben. Einmal wöchentlich erhielt ich in dem Volkshochschulkurs Schreibanregungen verschiedenster Art. Mit Kinderliteratur hatte dies nichts zu tun, aber es machte mir viel Spaß. Das Gefühl, durch Übung besser zu werden, stärkte mein Selbstvertrauen.

Begierig sog ich alles in mich auf, was der Kursleiter erzählte, abonnierte eine Fachzeitschrift, die er wegen der abgedruckten Ausschreibungen von literarischen Wettbewerben empfahl, machte regelmäßig meine »Hausaufgaben« und erwartete ebenso regelmäßig Kritik der anderen Kursteilnehmer an meinen Texten. Selbstverständlich kam die und natürlich machte mir nicht alles gleichermaßen Freude. Aber ich spürte ganz deutlich: Schreiben tut mir gut.

Selbstverständlich können Sie ein erfolgreicher Kinderbuchautor werden, ohne je einen Schreibkurs besucht zu haben. Vermutlich haben sogar die meisten bekannten Kinderbuchautoren noch nie an einem solchen Kurs teilgenommen. Für mich allerdings war es damals eine gute Möglichkeit, das Schreiben zu üben und auf das Geschriebene eine Reaktion zu bekommen. Das Schreiben zu üben, heißt auch, verschiedene Textformen zu erproben, eigene Begabungen zu erspüren. Einmal hat mich die Aufgabe, eine authentische Ich-Erzählung in die dritte Form umzuschreiben, einen großen Schritt weiter gebracht. Aus »Ich setzte mich ans Steuer und fuhr los.« wurde »Anna setzte sich ans Steuer und fuhr los.« Die Geschichte, die dabei entstand, wäre in der ursprünglichen Form wohl nicht möglich gewesen.

Es hat mich auch immer wieder motiviert zu wissen: Hier sind Menschen, die sich für meine Texte interessieren. Menschen auch, die mit ihrer eigenen Leidenschaft fürs Schreiben zu kompetenter und verständnisvoller Kritik in der Lage sind, ganz anders als Schreib-Laien. Sicher haben mich auch die Texte der anderen Teilnehmer weiter gebracht, weil ich mich mit ihnen auseinandersetzen musste. Und aus jeder geistigen Auseinandersetzung ergibt sich auch ein Lernprozess.

Wenn Sie Kritik und Auseinandersetzungen über Ihre Texte weniger schätzen und sich dadurch in Ihrer Kreativität gestört fühlen, dann bleiben Sie solchen Veranstaltungen lieber fern. Wenn

es Ihnen aber so geht wie mir, sollten Sie sich über das Seminaran-
gebot in Ihrer Nähe informieren.

TIPP

> Nutzen Sie das Kursangebot zum Kreativen Schreiben der örtli-
chen Volkshochschule.
> Auf www.autorenhaus.de finden Sie das wohl größte aktuelle
Verzeichnis von Autoren-Seminaren, Kursen und Workshops.
> Dort finden Sie auch Wettbewerbe und Ausschreibungen.

➤ Weiterbildungsveranstaltungen für Autoren

In einer Zeitschrift las ich eine Anzeige für ein Wochenend-Kin-
derbuchautorenseminar. Ich wusste augenblicklich: Da muss ich
hin.

Da das Seminar sich ausdrücklich an Bewohner meines Nach-
barbundeslandes richtete, standen meine Chancen nicht allzu
gut. Doch nach zähem Ringen und der Zusicherung, für alle Kosten selbst aufzukommen, erhielt ich die Zusage.

Ich konnte damals noch nicht wissen, wie wichtig gute Fachse-
minare für junge Autoren sein können:
− Man lernt Fachleute aus der Branche kennen.
− Man lernt andere Jungautoren kennen.
− Man kann sich austauschen.
− Man wird über Dinge innerhalb weniger Stunden oder Tage in-
formiert, die man andernfalls nie, wesentlich später oder nur
auf umständliche Art erfahren hätte.
− Man bekommt einen Überblick über die Branche.

Von Abschiedsschmerz gebeugt, verließ ich freitags Mann und
kleine Kinder, um ein Wochenende unter wildfremden Menschen

in einem wildfremden Ort zu verbringen – einzig und allein mit den Zielen:

Ich will Kinderbuchautorin werden.

Ich will dazu lernen.

Ich will wissen, was ich besser machen kann.

Während des Seminars ertappte ich mich immer wieder dabei, wie ich mich plötzlich nach den dicken weichen Ärmchen meines Säuglings oder dem Lächeln des Zweijährigen sehnte. »Was tust du eigentlich hier?«, fragte ich mich in solchen Momenten. »Bildest du dir allen Ernstes ein, dass aus dir eine Kinderbuchautorin werden kann? Kümmere dich lieber um deine Kinder!«

Um in der nächsten Sekunde wieder genau zu wissen, warum ich das alles auf mich nahm. Ja, ich nahm tatsächlich so einiges auf mich:

Ich drückte mich schüchtern zwischen Menschen verschiedenen Geschlechts, die allesamt schon viel weiter waren als ich. Ich lauschte offenen Mundes den diversen Fachgesprächen über VS (ich wusste damals noch nicht einmal, dass es den Verband deutscher Schriftsteller gibt), über Lesungen, über den Erfolg des jüngsten Buchprojekts. Und ich ertrug, wie meine Texten kritisiert wurden, sogar heftig kritisiert wurden.

Allerdings stellte ich schnell fest, dass dies auch all den anderen nicht erspart blieb. Auch den Profis nicht! Und dass die durch und durch konstruktive Kritik durchaus etwas brachte. Und – dass ich auch ein bisschen Lob bekam. Was mich natürlich motivierte.

TIPP

> Nutzen Sie Fortbildungsmöglichkeiten für Autoren.
> Lassen Sie sich diese auch etwas kosten, wenn es ein gutes Seminar ist.
> Nehmen Sie Wissen an und nutzen Sie Kontakte, die sich dadurch ergeben.

Eine Äußerung einer erfahrenen Autorin und Lektorin in meinem ersten Seminar ging mir noch lange im Kopf herum: Wer den Weg des freien Autors einschlägt, sagte sie an alle Neulinge (von denen es, wie ich im Laufe des Wochenendes bemerkte, dann doch einige gab) gerichtet, der muss sich auf ein gehöriges Maß an Einzelkämpfertum einstellen, auch auf Einsamkeit. Keine Kollegen weit und breit, stets alleine im stillen Kämmerlein arbeiten.

Da ich selbst ein sehr kommunikationsfreudiger Mensch bin, machte mir diese Zukunftsvision doch ein wenig zu schaffen. Und irgendwie beschloss ich damals schon, das mit dem Einzelkämpfertum zu verhindern.

➤ Ansporn durch Lob

Wie gesagt: Es gab auch Lob für mich auf diesem Seminar. Eine meiner Geschichten, so war die einhellige Meinung, sei etwas ganz Besonderes. In dieser Richtung sollte ich weitermachen.

Ich verfasste danach eine Reihe ähnlicher Geschichten und war wieder einmal mächtig stolz auf mich. Ja, ich konnte etwas. Etwas, das nicht jeder konnte. Da war ich mir mittlerweile sicher.

Dennoch blieben die Erfolgserlebnisse rar, die Absagen und Niederlagen dominierten.

Doch eines Tages geschah genau das, was ich so heiß ersehnt hatte. Am Telefon meldete sich der Lektor eines Verlags, dem ich ein paar Wochen zuvor einen Packen Geschichten geschickt hatte. Was er mir mitzuteilen hatte, ließ mich entzückt niedersinken. Er bekomme Berge von unaufgefordert eingesandten Manuskripten, und die seien meist schlecht. Geschichten wie meine aber, und das müsse er mir ganz klar sagen, gäbe es unter 500 Einsendungen vielleicht gerade einmal. Er sei begeistert und wolle aus vielen dieser kleinen Geschichten ein Buch machen. Ich solle in diesem Stil weiter schreiben und ihn immer wieder beliefern. Ach ja, und in Kürze sei ja Kinderbuchmesse in Bologna und wenn ich da Lust hätte, solle ich doch mal vorbeischauen, da könne man sich gleich kennen lernen.

Und wie ich Lust hatte!

Ich schwebte auf den Wolken des Lobs und der Hoffnung. Tatsächlich traf in den nächsten Tagen eine Messe-Eintrittskarte ein, und ab diesem Moment war für mich jeder Zweifel ausgeräumt, dass der Lektor es nicht ernst gemeint haben könnte. Wie dieser Messebesuch tatsächlich verlief, das lesen Sie im Kapitel »Als Autor auf Buchmessen«.

TIPP

> Wenn Sie von kompetenter Stelle Lob erhalten, nehmen Sie es offen an und lassen Sie sich davon motivieren.
> Ruhen Sie sich aber nicht auf Ihren Lorbeeren aus, sondern bemühen Sie sich, noch besser zu werden.

➢ Vorweg genommenes Publikum

Je mehr ich schrieb, umso dringender brauchte ich jemanden, der sich geduldig las oder anhörte, was ich geschrieben hatte. Jemand, der kritisch war, ohne mich zu demontieren. Alles das war Frau Schneider.

Frau Schneider war eine ehemalige Kollegin, mit der mich schon seit langem eine Art Seelenverwandtschaft verband. Ungefähr zur gleichen Zeit, als sie in den Ruhestand ging, verabschiedete ich mich in den Mutterschutz. Wir trafen uns zunächst unregelmäßig, mit zunehmender Kinderzahl dann immer regelmäßiger. Ein Tag in der Woche wurde zum Frau-Schneider-Tag, an dem sie mich in der Kinderbetreuung unterstützte, mit den Kleinen spielte, ihnen vorlas, kurz: zur Dritt-Oma wurde. Zunehmend aber auch wurden die Frau-Schneider-Tage zu »Hast du wieder was Neues geschrieben?«-Tagen. Ihre sichtliche Freude an meinen unterschiedlichsten Textproduktionen, ihre stete Bereitschaft, sich mit allem, was ich produzierte, auseinanderzusetzen, ihre – trotz Kritik – Wertschätzung meinen Werken gegenüber, all dies hat großen Anteil daran, dass ich das Schreiben damals nicht aufgab.

Wer veröffentlichen will, schreibt für Publikum. Und deshalb tut es den meisten Autoren gut – natürlich mag es auch Genies geben, die auf Kritik nicht angewiesen sind, ja, sie geradezu ablehnen – wenn es Menschen in ihrer Umgebung gibt, die bereit sind, dieses Publikum vorwegnehmend zu »spielen«.

Wer einen solchen »Erst-Leser« gefunden hat, kann sich glücklich schätzen. Leider muss man ganz klar sagen, dass viele Menschen, die von Berufs wegen nichts mit dem Schreiben zu tun haben, eher unkritisch und damit inkompetent sind. Es nützt nun einfach nichts, wenn Tante Elli jedes Ihrer Werke anbetet.

TIPP

> Suchen Sie jemanden, der sich Ihrer Werke wohlwollend, aber kritisch annimmt.

> Wenn Sie durch Ihr Schreiben – bei einem Autorentreffen, auf einem Fachseminar oder bei anderen Gelegenheiten – jemanden kennen lernen, der vielleicht als Autor, Lektor, Redakteur Fachkenntnisse und Erfahrung hat, dann fragen Sie, ob er gelegentlich Ihre Texte lesen und beurteilen würde. Und fragen Sie, welche Vergütung er dafür erwartet.

> Sollten Sie ohne die Unterstützung eines hauseigenen Kritikers erfolgreich werden wollen, dann können Sie
  – trotzig alleine weitermachen,
  – ständig auf der Suche nach geeigneten Personen sein,
  – verzweifeln,
  – oder einen Lektorats-Service nutzen.

➤ Arbeiten mit dem PC

In dieser Zeit muss es gewesen sein, dass mein Mann mir dringend riet, einen PC zu kaufen. Bis dahin hatte ich all meine literarischen Produktionen, die ich nach wie vor in nicht zu kleiner Menge produzierte, mit der Schreibmaschine geschrieben.

Ich wischte den PC-Vorschlag vom Tisch.

»Für so etwas gebe ich kein Geld aus.«

»So berühmt bin ich nicht, dass sich das lohnen würde.«

»Mit so etwas kann ich gar nicht umgehen.«

Dies waren nur einige meiner Ablehnungsargumente. Bis ich eines Tages doch nachgab. Und eine der klügsten Entscheidungen meines Autorinnenlebens traf: Ab jetzt nach Möglichkeit nur noch mit PC! Was mir dieses Wundergerät in den folgenden Jahren ermöglichte und ersparte, lässt sich kaum mit Worten ausdrücken.

Weil es so vielerlei ist, was es mir ermöglichte und ersparte, versuche ich, mich auf die wichtigsten Vorteile zu beschränken:

> Tippfehler berichtigen

Da ich ein begnadeter »Verschreiber« bin, immer sehr schnell tippe, aber leider auch sehr fehlerhaft, verbrauchte ich an der Schreibmaschine Korrekturband meterweise. Dank PC kein Thema mehr.

> Text überarbeiten

Ich tippe nicht nur gerne sehr schnell, sondern denke und schreibe auch so. Mit dem Ergebnis, dass ich immer sehr viel überarbeiten muss. Mit der Schreibmaschine bedeutete dies ständig voll gekritzelte Manuskriptseiten und ständiges Neuschreiben.

Würde ich mir mehr Zeit lassen, wären meine Texte von Anfang an vielleicht weniger überarbeitungsbedürftig, aber ich würde nicht meinem ganz persönlichen Denk- und Arbeitstempo entsprechend schreiben. Und dies würde mich in meiner Kreativität hemmen. Also lasse ich es lieber laufen, wie es läuft und mache mich dann noch mal drüber. Was dank PC kein Thema ist.

> Satzteile oder Absätze umstellen

Unzählige Male habe ich schon beschlossen: Dieser Absatz passt an anderer Stelle viel besser. Was dies für einen Schreibmaschinentäter bedeutet, weiß jeder, der schon einmal den zweiten Absatz von Seite 3 auf Seite 27 verschieben wollte.

> Löschen

Was nicht gut ist, kommt raus. Kein Durchstreichen, kein X-en, einfach nur löschen. Einfacher geht's nicht.

> Sich bei eigenen Texten bedienen

Immer wieder hatte ich das Gefühl: Zu diesem Thema hast du dir schon mal schriftlich Gedanken gemacht. Wenn dieses Etwas in der Zwischenzeit veröffentlicht war und mir die Rechte nicht mehr gehörten, hatte sich die Sache erledigt. War es aber ein Manuskript, das es noch nicht bis zur Veröffentlichung geschafft hatte, durfte ich mich ohne Hemmung bei mir selbst bedienen. Was mit PC nur eine Frage von ein paar Mausklicks ist.

> Suchen und Ersetzen

Nicht nur einmal fing ich an, eine Geschichte zu schreiben, ehe ich mir sicher war, wie diese oder jene Figur heißen sollte. Um mich mit der Suche nach dem optimalen Namen nicht unnötig aufzuhalten, setzte ich Namen ein, die mir halbwegs passend erschienen. Hatte ich dann einen vermeintlich besseren gefunden, bediente ich mich der »Suchen und Ersetzen«-Funktion und konnte ausprobieren, wie die Geschichte nun klang. Einmal erlebte ich es auch, dass ein Verlag mein fertiges Manuskript annahm, aber auf der Änderung des Namens der kindlichen Hauptfigur bestand. Mit »Suchen und Ersetzen« kein Problem!

> Seitenzahlen

So lange ich noch mit Maschine schrieb, nummerierte ich mein Manuskript meist zum guten Schluss von Hand. Was nicht eben professionell aussah. Der PC kann das besser.

Allerdings verhalf mir das moderne Wundergerät auch zu Erlebnissen der schockierenden Art. In der Anfangszeit des öfteren, heute nur noch äußerst selten, habe ich ganze Dateien aus Versehen regelrecht vernichtet. Meine Ratlosigkeit, ja Verzweiflung kannte keine Grenzen, wenn mir bewusst wurde, dass ich nirgends, ja wirklich nirgends Spuren meines Schaffens wiederfinden würde.

Dass alles wirklich weg war. Dass ich auf das angewiesen war, was ich noch im Kopf gespeichert hatte. Weil ich eben auf dem PC falsch oder gar nicht gespeichert hatte.

Dabei stellte ich immer wieder fest, dass mein Kopf recht schlecht speichert. Mir fielen viele gute Ideen und Formulierungen nicht mehr ein. Mein Erinnerungsvermögen beschränkte sich leider darauf, ganz genau zu wissen, dass ich an dieser Stelle sehr gut formuliert hatte. Wie ich es getan hatte, teilte es mir nicht mehr mit. Und das deprimierte, ja lähmte mich kurzzeitig regelrecht.

Nicht nur einmal musste mein lieber Mann eine Nachtschicht einlegen, weil ich um Wiederherstellung des heilen Zustands flehte. Manchmal gelang es, manchmal nicht. Darin sehe ich den großen, ja fast den einzigen Nachteil dieses Arbeitsgerätes: Abhängigkeit, totale Abhängigkeit ...

Stromausfall – Blackout. Und auch der stärkste Akku eines Notebooks ist irgendwann leer. Jede Fehlbedienung rächt sich. Man muss ja nicht gleich ganze Dateien verschwinden lassen, ein wohl formulierter, und dann versehentlich gelöschter Abschnitt reicht vollkommen, um an den Rande der Autorendepression getrieben zu werden.

Dennoch bin ich mir sicher, dass ich ohne das Wunderding vor allem quantitativ erheblich weniger geschafft hätte.

Was ich mir – offen gestanden – gar nicht mehr vorstellen kann: dass so viele Autoren auch ohne Computer Umfangreiches und Hervorragendes zustande gebracht haben.

TIPP

> Nehmen Sie den PC als große Hilfe an.
> Verzagen Sie nicht, wenn Sie Fehler gemacht haben, das passiert allen.
> Wenn Sie eine tiefe innere Abneigung gegen Computer hegen, lassen Sie sich von einem geduldigen Fachmann alles erklären.
> Besteht die Abneigung immer noch, schreiben Sie weiterhin mit der Schreibmaschine: Es kommt auf den Inhalt an.

➤ Was die Autorenarbeit noch erleichtert

Ebenso fällt es mir schwer, ein paar andere Dinge aus meinem Autorinnenleben wegzudenken, die mir im Laufe der Zeit selbstverständlich geworden sind, wie Anrufbeantworter, Faxgerät, Internet-Anschluss und E-Mail-Adresse.

Auf mein eigenes kleines Arbeitszimmer möchte ich nie mehr verzichten müssen! Nie wieder Arbeitsstöße auf den Esstisch schleppen, nie wieder mitten in einem Projekt alles umräumen müssen! Platz für Fachliteratur und Nachschlagewerke! Rückzugsmöglichkeit, Freiraum zum Denken!

Ich behaupte selbstverständlich nicht, dass es ohne all diese Er-

rungenschaften nichts werden kann mit dem Kinderbuchautoren-
dasein, aber ich finde, sie machen es leichter und erfreulicher.

Seit Jahren wünschte ich mir persönliche Visitenkarten. Oft,
sehr oft, hätte ich sie gut gebrauchen können. Nie werde ich vergessen, wie ich das Problem der nicht vorhandenen Visitenkarten
damals, am Anfang, auf meinem ersten Messebesuch in Bologna
löste: Ich lieh mir Visitenkarten meines Mannes aus, strich durch
und ergänzte. Das sah einfach großartig aus, und ich nahm mir
vor, nie wieder so unprofessionell aufzutreten. Doch lange habe
ich es in diesem Punkt keinen Schritt weiter gebracht, einfach des-
wegen, weil ich Automaten- oder Computer-Visitenkarten als zu
wenig originell ablehnte. Nun habe ich sie also, ebenso wie im
gleichen Design gestaltete Kurzmitteilungskarten. Beides konnte
ich schon oft gebrauchen.

TIPP

> Gönnen Sie sich die technischen Errungenschaften, die Ihnen
  die Arbeit erleichtern und Ihnen persönlich gut tun.
> Zwingen Sie sich aber nicht zu moderner Büroausstattung,
  wenn Sie es innerlich ablehnen.

6

Kinder- und Jugendbuchverlage

Nun muss ich Ihnen ein paar Zahlen nennen, die Sie als Autor von Kinder- oder Jugendbüchern kennen sollten:

Jedes Jahr gibt es mehr als 80.000 Neuerscheinungen auf dem deutschsprachigen Buchmarkt. Die wichtigste Sachgruppe ist die Belletristik, die 14 Prozent der Titelproduktion ausmacht, die Kinder- und Jugendliteratur hat einen Anteil von 7 bis 8 Prozent. Das sind, zieht man die Übersetzungen ab, rund 5.000 neue Kinder- und Jugendbücher im Jahr – ein großer Bedarf für immer neue Stoffe! Der Markt für Kinderbücher ist attraktiv, denn die Kaufkraft der sechs Millionen Kids von 6 bis 13 Jahren ist beachtlich und wächst offenbar weiter: Sie hatten nach einer Verbraucheranalyse mehr als sechs Milliarden Euro zum Ausgeben. Jeden Monat erhalten sie durchschnittlich 20 Euro Taschengeld, weitere Geldgeschenke kommen hinzu. Für Süßigkeiten, Zeitschriften, Comics und Mobiltelefone geben sie am meisten aus. Und vieles schaffen die Eltern für die Kinder an, wie Computer oder andere elektronische Spielgeräte. Dennoch bleibt genug übrig für Kinder- und Jugendbücher.

Der Markt wird auch von den Experten in den Verlagen immer stärker differenziert, angefangen von Baby-Büchern über die altersmäßig abgestuften Kinderbuchsegmente hin zum Jugendbuch. Die größte Rolle spielen dabei die Mädchen: Unter den 10- bis 13-Jährigen ist Lesen ihre drittliebste Beschäftigung. Auch bei Jungs sind Kinderkrimis beliebt, die es inzwischen für alle Altersklassen gibt. Hinzu kommen die All-Age-Titel-Jugendbücher, die durchaus auch von Erwachsenen gelesen werden, wie es bei den Harry-Potter-Romanen oder den Lemony-Snickets-Büchern der Fall ist.

➤ Was wollen Verlagslektoren?

Der Kinder- und Jugendbuch-Markt braucht immer wieder neue Impulse, neu erzählte Geschichten, auf andere Weise illustriert. Der Bedarf an guten Manuskripten ist groß, aber zu viele scheinen nicht geeignet zu sein, weil sich Autoren zu wenig mit ihrer Zielgruppe, dem Markt und dem Handwerk des Schreibens beschäftigen. So ist unter Lektoren bekannt, dass besonders Kinderbuchautoren oft handgeschriebene Manuskripte einreichen – kaum zu glauben, aber wahr. Für die Lektorin Sabine Zürn (Ravensburger Kinder-Sachbuch) sind »handgeschriebene oder einzeilig geschriebene Manuskripte schon ein Zeichen mangelnder Professionalität«, wie auch Barbara Gelberg »Handgeschriebenes oder Ergüsse, solche, bei denen schon der Begleitbrief alles sagt«, gleich zur Seite legt. Aber »manche Manuskripte guckt man sofort gierig an, die meisten harren aber viele Monate der Lektüre, denn wir schauen alle an, für die eine Perle, die darunter sein könnte. Klaus Kordon und Mirjam Pressler sind übrigens solche Autoren, die vor vielen Jahren Manuskripte an Beltz & Gelberg schickten.«

»Ich glaube, dass die Schwelle ein Kinderbuch, eine Geschichte für Kinder zu schreiben, sehr viel niedriger ist als in der Belletristik, denn es scheint so viel einfacher. Dabei wissen die wenigsten, dass es mitunter sogar schwerer ist«, erklärte Barbara Gelberg von Beltz & Gelberg gegenüber dem »Buchreport«. Der Verlag erhält fast 2000 Manuskripte im Jahr. Wenn Kleinstkindergeschichten schon als »putzig«, »knuffig« und »herzig« angekündigt werden, weiß die Lektorin, hier erliegen die gutmeinenden Eltern oder Großeltern dem Irrtum, dass die Geschichten, von denen die eigenen Kinder begeistert sind, auch andere Kinder und deren Eltern bezaubern müssten. Das Verlegen von Büchern ist aber »keine reine Leidenschaftssache«, der Markt für die netten Kinderbücher ist hart umkämpft, die Verlage stehen in einem scharfen Wettbewerb. »Die eigenen Kinder, denen man vorliest, sind nicht unbedingt ein Garant für die Qualität von Texten« gibt Barbara Gelberg zu bedenken, »denn Kinder lieben es nun mal, wenn sie vorgelesen bekommen! Nicht alles, was im Hausgebrauch funktioniert, muss verlegt werden, dennoch versuche ich immer wieder eben solche Autoren und Autorinnen zu ermutigen, weiterzuschreiben, so lange und so viel es Spaß macht. Das Verlegen solcher Texte ist eine vollkommen andere Sache«.

Ein Blick in den Text genügt, um einen tödlichen Fehler zu erkennen: Den erhobenen Zeigefinger oder »wenn die pädagogische Absicht sofort erkennbar oder der sprachliche Wust ungenießbar ist«, verrät Saskia Heintz (Hanser Kinderbuch). Aber sie braucht auch stellvertretend für ihre künftigen Leser Spannung: »Wenn mir nach zwei Seiten die Augen zufallen«, schlägt sie das Manuskript zu. Es gibt noch einen anderen Grund, der nichts über die Qualität des Manuskripts aussagt: »Wenn das perfekte Buch zu diesem Gegenstand bereits im Programm ist.« Dann könnte es in einem anderen Verlag durchaus Erfolg haben.

Bei Sachbüchern für Kinder kommt es auf Sprache, Verständlichkeit und Klarheit an: »Wenn Texte überfrachtet sind mit detaillierten Fachinformationen, Fremdwörtern oder wissenschaftlichen Begriffen, wenn sie nicht logisch aufgebaut sind«, dann ist die Lektorin Sabine Zürn wenig geneigt weiterzulesen. »Was ich nicht verstehe, versteht ein Kind erst recht nicht!« Aber es kommt auch darauf an, ob es ein Autor versteht, seinen Stoff spannend darzustellen, die Aufmerksamkeitsspanne bei Kindern ist gering, der Wettbewerb mit anderen Medien groß.

➤ Der Markt für Bilderbücher

Der Markt für Bilderbücher wird immer schwieriger, klagen Verlage und Buchhandlungen. Wenn von einem Bilderbuch im ersten Jahr 3000 Exemplare verkauft werden, gilt das bereits als Erfolg. Die »durchschnittliche Verweildauer auf dem Markt« der oft liebevoll gestalteten Bücher für die Kleinsten beträgt nur noch ein Jahr – dann hat sich ein Bilderbuch durchgesetzt oder, was leider bei vielen der Fall ist, es wird von der Buchhandlung wieder an den Verlag zurückgegeben, um Platz für neue Titel zu machen. Deshalb sind auch so viele schöne Bilderbücher auf den Tischen der Wohlthat'schen Buchhandlungen, im Katalog von Jokers und bei anderen Resteverwertern, den Modernen-Antiquariats-Buchhändlern zu finden.

Obwohl die Kinderbuchverlage die Zahl ihrer Neuerscheinungen bereits reduziert haben, landen immer noch viele Bilderbücher im Ramschverkauf. Die Erstauflagen sind ebenfalls zurückgegangen, die Kinderbuchverlage sind vorsichtiger geworden: Waren noch vor wenigen Jahren 7000 Stück als Startauflage üblich, sind es heute vielleicht 4000 Exemplare, eine kritische Zahl, denn darunter kann ein Bilderbuch seine Kosten nicht mehr decken. Deshalb wird manchmal von vornherein eine Auflage für das Verramschen zu günstigen Kosten mitgedruckt: Läuft das Buch, umso besser, wenn nicht, gehen 2000 Exemplare an Moderne Antiquariate, was zwar keinen Gewinn bringt, aber es hilft, die Kosten zu decken.

Besser geht es mit einer eingeführten Serie oder Figur – von solchen Bilderbüchern können auch 10.000 bis 30.000 Exemplare als Erstauflage gedruckt werden. Diese Titel sind die Stützen des Verlagsprogramms. Die Entscheidung über Auflage und Gestaltung wird inzwischen oft direkt in Zusammenarbeit mit den Verlagsvertretern und den Einkäufern der Kinderbuchabteilungen in den

Buchhandlungen getroffen. Das wird kritisiert, weil sich dadurch ungewöhnliche Gestaltungen kaum durchsetzen könnten, es führe zu einer Nivellierung. Andererseits hat der Verlag dadurch die Chance, eine Umschlaggestaltung, die schon als Abbildung im Verlagskatalog nicht so gut ankommt, notfalls noch einmal neu zu illustrieren. Denn die Erfahrung ist, dass der erste Blick aufs Cover über Kauf oder Nichtkauf entscheidet. Als Autor sollten Sie hier den Verlagsexperten vertrauen – auch wenn Ihnen das neue Cover vielleicht nicht so gut gefällt – denn selbstverständlich möchten alle Ihrem Buch zum Erfolg verhelfen.

7

Den richtigen Verlag finden

Hoch motiviert und reichlich fieberhaft überlegte ich:
- Welche Kinderbuchverlage gibt es?
- Wie komme ich an die Adressen?
- Wie kann ich den Kontakt herstellen?
- Wie soll ich Text und Anschreiben gestalten?
- Und schließlich: Kann man eine Geschichte für Kinder *ohne* Bilder anbieten?

Sooft es mein Alltag als werdende Mutter mit Kleinkind zuließ, beschäftigte ich mich mit diesen Fragen. Ich wühlte im Bücherregal meines kleinen Sohnes und notierte mir Verlagsnamen. Waren wir zu Besuch bei anderen Familien, führte mich der Weg früher oder später zwanghaft zum Bücherregal des Nachwuchses. Schreibpapier und Stift wurden meine ständigen Begleiter. So sammelte ich zwar Verlagsnamen, die Adressen und genauere Angaben fehlten mir aber.

Die von mir gewählte Vorgehensweise würde ich, rückblickend betrachtet, als willkürlich bis planlos bezeichnen.

Es genügt nicht zu wissen, dass dieser oder jener Verlag ein Kinderbuchprogramm hat. Es genügt auch nicht zu wissen, dass es ein Verlag ist, der Bilderbücher oder Jugendromane im Programm hat. Auch Bilderbuchverlage unterscheiden sich in ihren Programmen. Selbst in der Sparte »Pappbilderbuch« gibt es ganz verschiedene Richtungen. Und die sollte man als Autor kennen. Mir war das damals leider nicht klar.

Wenn ich heute ganz am Anfang stünde, würde ich versuchen, einen Überblick über das Verlagsangebot zu gewinnen:

> Ich würde mich in verschiedenen gut sortierten Buchhandlungen umsehen und versuchen, mir einen Eindruck vom Programm der einzelnen Verlage zu verschaffen.

> Ich würde einen gut informierten und bereitwilligen Buchhändler – die Größe der Buchhandlung spielt keine Rolle – um Informationen zu ganz bestimmten Fragen bitten, allerdings nicht gerade in der Hauptgeschäftszeit.

> Ich würde aktuelle Verlagsprogramme möglichst aller interessanten Verlage sammeln. Leider ist das nicht leicht, da Buchhandlungen die Verlagsvorschauen für ihre eigenen Bestellungen benötigen.

> Ich würde – wenn ich Zeit und Geld nicht scheuen müsste – die nächste der beiden deutschen Buchmessen in Frankfurt oder Leipzig an einem der Publikumstage besuchen und mich in der Abteilung »Kinder- und Jugendbuch« gründlich umsehen. Hier gibt es Prospekte zum Mitnehmen und die kann man sich zu Hause dann in aller Ruhe ansehen.

> Ich würde, was ich damals noch nicht konnte, im Internet recherchieren. Die meisten Buchverlage präsentieren sich und ihr Programm auf einer verlagseigenen Homepage. Finden kann man die Internetadressen über eine der Suchmaschinen, zum Beispiel www.google.de, indem man den jeweiligen Verlagsnamen eingibt.

> Ich würde das Buch kaufen, das Sie gerade in Händen halten, denn da finden Sie die wichtigsten Kinderbuchverlage im Anhang!

Hätte ich ein Buch wie dieses gehabt, wäre mir so manche Enttäuschung erspart geblieben, aber deshalb möchte ich Sie ja an meinen Erfahrungen teilhaben lassen.

➤ Mit Illustration anbieten?

Während ich mich mit der Suche nach Kinderbuchverlagen beschäftigte, machte mir noch etwas anderes Sorgen: Ich hatte nämlich beschlossen, dass ich meine Geschichte für Kinder nicht ohne Illustrationen anbieten sollte. Bilder gehören doch einfach mit dazu! Und woher soll der Verlagslektor wissen, wie sie aussehen sollen, wenn ich sie nicht mitliefere?

Damit war ich auf ein großes Problem gestoßen. Ich kann nämlich nicht zeichnen. Ich fragte mich auf der Suche nach Zeichentalenten quer durch den Bekanntenkreis und brachte in der örtlichen Fachhochschule für Gestaltung folgenden Aushang an:

Leider kann ich selbst überhaupt nicht zeichnen, aber Texte für Kinder schreibe ich furchtbar gerne.
Wer hat Lust zur KINDERBUCHILLUSTRATION?
Bitte anrufen bei ...

Schließlich lernte ich eine junge Frau kennen, die »schon immer gut zeichnen konnte« und sich tatsächlich mit dem Gedanken beschäftigte, es mal mit dem Illustrieren von Kinderbüchern zu versuchen. Ich war überglücklich! Was sollte nun noch schief gehen?

In der folgenden Zeit traf ich mich mit der jungen Illustratorin des öfteren, sie war von meinem Text angetan und es entstanden einige hübsche Zeichnungen, die richtig gut zu meiner Geschichte passten, wie ich fand.

Mein Aktionismus auf der Suche nach passenden Illustrationen hat mich damals zwar beflügelt, es hat mir Spaß gemacht und mir nette Kontakte gebracht. Nötig allerdings war er nicht, im Gegenteil.

Selbst ein Bilderbuchmanuskript kann ohne Illustrationen angeboten werden, ohne dass die Veröffentlichungschancen beeinträchtigt wären. Aber das habe ich erst viel später erfahren.

Auf einem Autorenseminar sagte man uns nämlich, dass es völlig unüblich, ja sogar unsinnig sei, sich selbst einen Illustrator zu suchen. Verlagslektoren könnten die Qualität einer Geschichte auch unbebildert erkennen. Sie suchten lieber selbst einen passenden Illustrator.

Und: Ein Gespann aus No-Name-Autor und No-Name-Illustrator habe ohnehin wenig Chancen!

Wenn Sie allerdings eine der seltenen Doppelbegabungen - Autor und Illustrator - sind, sollten Sie sich nicht abschrecken lassen!

Und sollten Sie ein begnadetes Genie kennen, das Ihnen unbedingt ein paar Illustrationen zu Ihrem Text liefern möchte, kann es auch nicht schaden, solange Sie ungebunden bleiben. Denn ob dem Verlag die Illustrationen so gut gefallen wie Ihnen, ist offen.

Trifft aber beides nicht zu, brauchen Sie weder Zeit noch Energie und Nerven mit der Suche nach einem Illustrator zu verschwenden.

TIPP

> Ein Kinderbuch – auch wenn es ein Bilderbuch ist – muss nicht mit Illustrationen angeboten werden.

➢ Mehrere Verlage auf einmal anschreiben?

Irgendwann war es so weit, das junge Illustratorentalent hatte seine Arbeit fürs Erste abgeschlossen. Gemeinsam brachten wir Text und Bilder in eine – in unseren Augen – ansprechende und angemessene Form. Da ich ein ungeduldiger Mensch bin, hatte ich beschlossen, die Geschichte an mehrere Verlage gleichzeitig zu senden. Ich wollte von Anfang an mehrere Eisen im Feuer haben.

Und das war gar keine so schlechte Idee! Denn oft dauert es sehr lange, bis eine Antwort von einem Verlag eintrifft und da man als Autor in dieser langen Zeit nicht »verhungern« möchte, bietet man es tatsächlich gleichzeitig mehreren Verlagen an. Außerdem erhält man einen Eindruck von den Chancen seines Werks: Wenn kurz hintereinander lauter ähnliche Absagen kommen, dann war es vielleicht doch nicht ganz so großartig ... Sollten umgekehrt mehrere Angebote eintreffen, weiß der Autor recht schnell seinen eigenen Marktwert einzuschätzen.

Allerdings kann sich ein Autor durch Mehrfach-Angebote auch um Chancen bringen. Dann nämlich, wenn sich ein Verlag die Mühe gemacht hat, die Ablehnung zu begründen. Der Autor könnte sich nun diese Gründe zu Herzen nehmen und sein Werk entsprechend überarbeiten und es dann anderen Verlagen anbieten. Kann er aber nicht mehr, wenn er die ursprüngliche Version schon an alle in Frage kommenden Verlage geschickt hat!

Mir wurde damals geraten, höchstens drei bis fünf Verlage gleichzeitig anzuschreiben. Und daran habe ich mich gehalten. Inzwischen werden auch Stimmen laut, die zu wesentlich mehr gleichzeitigen Aussendungen – bis zu 20 – raten. Alles andere sei Zeitverschwendung.

Als Autor sollten Sie allerdings unbedingt darauf achten, dass die Unterlagen frisch, nicht schon mehrfach gelesen aussehen und der Verlagsname überall geändert wird. Es ist doch zu peinlich, wenn in einem Anschreiben an den XY-Verlag aus Versehen noch der Z-Verlag auftaucht. Der XY-Verlag kann so ganz genau sehen, an wen Sie Ihr Manuskript noch geschickt haben und wird Ihre Schlamperei nicht unbedingt positiv vermerken. Versuchen Sie dies auch bei E-Mails zu vermeiden, die Sie an mehrere Verlage richten und wo ein derartiges Missgeschick sehr leicht passieren kann.

TIPP

> Schicken Sie Ihr Manuskript höchstens an drei bis fünf Verlage gleichzeitig.
> Achten Sie darauf, »ungelesene«, frische Unterlagen zu versenden.
> Vorsicht: Den Verlagsnamen überall ändern!

➤ Verlagskontakte herstellen

Die Verlagsadressen hatte ich auf alle möglichen Arten ausfindig gemacht. Manche fand ich in Kinderbüchern. Manche fand ich in Verlagsprospekten, die ich von verschiedenen Buchhandlungen erhielt. Und wo ich gar nicht weiterkam, rief ich die Auskunft an, um die Telefonnummer des betreffenden Verlags zu erfahren, rief dort an und bat kühn um die Adresse zwecks Manuskriptzusendung. Jedes Mal, wenn die Stimme am anderen Ende der Leitung nicht abweisend wirkte, hegte ich die Hoffnung, dass man sich dort wohl auf meinen Text freute. Das war natürlich reichlich naiv und unbedarft, ebenso wie meine Methode, an die Adressen zu kommen.

Günstig ist es in jedem Fall, wenn Sie den Namen des zuständigen Lektors kennen und Ihr Begleitschreiben an ihn persönlich richten. Der so persönlich Angesprochene wird zwar das Manuskript nicht vor Rührung bevorzugt behandeln, er wird es aber immerhin auf seinem Tisch finden. Was Ihrem Manuskript Irrwege erspart.

Wenn Sie nicht weiter kommen, greifen Sie zum Telefon: Rufen Sie im Verlag an, schildern Sie kurz, welche Art Text Sie anzubieten haben. Meist teilt man Ihnen am Telefon dann den Namen des zuständigen Lektors mit.

Wer sich zutraut, sein Werk am Telefon gut zu »verkaufen«, kann sich auch mit dem zuständigen Lektor verbinden lassen.

Im Gespräch sollte der Autor natürlich nicht unbeholfen herumstottern, sondern in klaren Worten zum Ausdruck bringen, wer er ist und was er anzubieten hat. Zeigt der Lektor kein Interesse am vorgestellten Projekt, erspart der Autor sich Porto und Mühen. Signalisiert der Lektor jedoch Interesse, dann kann sich der Autor später auf dieses Gespräch beziehen und sein Manuskriptangebot landet – wenn es gut geht – nicht auf

dem Stapel der unzähligen unaufgefordert eingesandten Manuskripte.

Die Möglichkeit des telefonischen Erstkontakts hat sich inzwischen bei mir zunehmend bewährt,
- weil ich gerne telefoniere,
- weil ich – das glaube ich zumindest – ganz gut in wenigen Worten vermitteln kann, was ich auf dem Herzen habe und
- weil ich motiviert bin, wenn ich weiß: Hier wartet tatsächlich
  jemand auf mein Manuskript.

TIPPS

> Stellen Sie den Erstkontakt telefonisch her, wenn Sie es sich
  wirklich zutrauen.

> Wenn Sie allerdings wissen, dass präzises Formulieren am Tele-
  fon nicht Ihre Stärke ist, gehen Sie lieber den schriftlichen Weg
  des Erstkontakts.

➤ Manuskriptgestaltung

Für die Form eines Manuskripts gibt es bestimmte Kriterien. Auch ein Kinderbuch sollte selbstverständlich

- nicht von Hand, sondern mit Schreibmaschine oder PC geschrieben sein,
- nur auf einer Seite beschriftet sein,
- möglichst tippfehlerfrei sein,
- nicht zu dicht bedruckt sein – bewährt haben sich Normseiten von 30 Zeilen à 60 Anschlägen mit Zeilenabstand 1,5 oder 2,
- ein Deckblatt haben, auf dem Ihr Name, Ihre Adresse und der Arbeitstitel (was soviel heißt wie »vorläufiger Titel«) stehen sollte,
- durchnummeriert sein.

Sie können auch jede Seite mit Name, Adresse und Arbeitstitel versehen: Einfach bei »Word« unter »Kopf- und Fußzeile« einmal in die Fußzeile eintragen.

Bei den folgenden Beispielen sind Adresse, Telefon- und Faxnummer erfunden. Sie können dabei auch ein wenig die Entwicklung eines meiner Kinderbücher mitverfolgen, das schließlich als *Max und die Skaterbande* das Licht der Kinderromanwelt erblickte.

Heidemarie Brosche
Obere Knopfstraße 24
98765 Kriggdorf
Telefon: 0432 - 12345
Telefax: 0432 - 12365
E-Mail: email@h-brosche.de

Arbeitstitel:

Maximilian und der Skater-King

(Roman für Kinder ab acht Jahren)

Beispiel für ein Deckblatt zu einem meiner späteren Bücher; aus Maximilian wurde im fertigen Buch übrigens Max, der fertige Titel hieß: *Max und die Skaterbande*

➤ Was gehört zum Manuskriptangebot?

Ich sandte am Anfang das ganze Manuskript an die Verlage, das war insofern in Ordnung, als meine Geschichte nur ein paar Seiten lang war.

Wenn es sich um ein größeres Werk handelt, empfiehlt es sich, nicht das ganze Manuskript, sondern
– ein Exposé,
– das Inhaltsverzeichnis / die Kapitelübersicht und
– ein Probekapitel zu schicken.

Beachten Sie unbedingt die Verlagsangaben, wie Angebote von Autoren gewünscht werden, zum Beispiel »nach vorheriger telefonischer Anfrage«, »als Exposé mit Textprobe von 10–20 Seiten und Vita«, als »Papierausdruck« oder per »E-Mail«. Meist finden Sie auch gleich die Angaben dazu, ob Rückporto gewünscht wird, wenn Ihre Unterlagen bei Ablehnung zurückgesandt werden sollen.

➤ Das Exposé

Ein Exposé ist eine Inhaltszusammenfassung, die dem Lektor die Idee des Buchs verkaufen soll. Es sollte nicht allzu lang – ein bis drei Seiten – sein, das Wesentliche des geplanten Werkes vermitteln und zwar möglichst klar und überzeugend.

Lesen Sie einmal aufmerksam die Klappentexte von Büchern oder die kurzen Texte auf der Rückseite des Umschlags, dann bekommen Sie eine Vorstellung davon, wie ein Exposé aussehen kann.

Heidemarie Brosche
Obere Knopfstraße 24
98765 Kriggdorf
Telefon: 0432 – 12345
Telefax: 0432 – 12365
E-Mail: email@h-brosche.de

Arbeitstitel:
Maximilian und der Skater-King

Exposé

Maximilian, ein Junge von etwa neun Jahren, besucht die dritte Klasse und ist ein eher schlechter Schüler. Er hat noch einen kleineren Bruder von knapp drei Jahren, auf den er öfter aufpassen muss, denn seine Mama ist gerade noch im Erziehungsurlaub, arbeitet aber nebenher und bereitet sich auf ihren Wieder-Wiedereinstieg vor.

Die Eltern fördern Maximilians musikalische Begabung – er spielt Geige. Ansonsten sind sie sehr besorgt und vorsichtig: So darf er nur mit Helm und nur in einer bestimmten Gegend Fahrrad fahren. Sie wollen auch immer recht genau wissen, was er so treibt. Für überflüssige neue Sportarten wie Skateboard- und Inlineskate-Fahren haben sie nichts übrig.

Gerade Inlineskates aber wünscht sich Maximilian, der in der Klasse eher ein Außenseiter ist, von ganzem Herzen. Diese Freizeitbeschäftigung ist in seiner Klasse außerordentlich beliebt, besonders bei einer bestimmten Clique. Diese trifft sich des öfteren nachmittags im Skater-Palast.

Als er die Clique heimlich beobachtet, trifft Maximilian auf den Skater-King, ein Wesen, das im Skater-Palast zu Hause ist, hervorragend Inlineskates fahren kann und über einige besondere Fähigkeiten verfügt: Es kann sich von einem Ort zum andern zaubern, es kann sich rein äußerlich in andere Personen verwandeln, es besitzt Funktionsknöpfe – in seiner Nase ...

Maximilian und der Skater-King erleben in den folgenden Wochen jede Menge gemeinsam. Sie tauschen die Rollen und der Skater-King verhilft Maximilian endlich zu Ansehen in der Gruppe, weil er für ihn sehr gut Inlineskates fährt. Dies freut Maximilian einerseits, andererseits hätte er selber gerne das Vergnügen. So trachtet er danach, es selbst zu lernen und erhält schließlich vom Skater-King – heimlich – hervorragenden Unterricht.

Natürlich ergeben sich auch jede Menge Probleme. So lässt sich der Skater-King auch fernsteuern, und Maximilian nützt dies in einem Anfall von Übermut schamlos aus, was die Freundschaft auf eine ernsthafte Probe stellt. Im Gegenzug erreicht der Skater-King, dass er für Maximilian zur Schule gehen darf, was diesen in eine äußerst prekäre Lage bringt.

Am Ende traut sich die Hauptperson endlich etwas mehr zu, aber auch die Eltern sind bereit, ihr Urteil zu revidieren.

Beispiel für ein Kinderroman-Exposé

Heidemarie Brosche · Obere Knopfstraße 24 · 98765 Kriggdorf
Telefon: 0432 – 12345 ·Telefax: 0432 – 12365 · E-Mail: email@h-brosche.de

Arbeitstitel:
Maximilian und der Skater-King

1. Kapitel: Die Skater-Bande

Max pulte an seinem Radiergummi. Was Frau Wegerle über die Satzglieder erzählte, interessierte ihn herzlich wenig.

»Wer oder was schwimmt im Wasser?«, wollte sie gerade wissen.

»Fischkacke«, hätte Max beinahe gesagt.

Wenn er an sein eigenes Aquarium dachte, war das die Wahrheit. Er musste es dringend reinigen. Vielleicht heute Nachmittag? Wenn er mit den Hausaufgaben fertig war. Und Geige geübt hatte. Ja, er musste üben. Das neue Stück konnte er noch nicht richtig. Immer an der gleichen Stelle kippte der Ton um.

»Hat die Geige ein Aua?«, hatte sein kleiner Bruder Niki gestern gefragt und ganz mitleidig geschaut. So fürchterlich war das Jaulen gewesen.

Aber Max wollte nicht, dass es jaulte. Sein Geigenspiel sollte gut klingen. Am besten perfekt! Irgendwann würde er es schaffen, da war er sicher. Irgendwann würde er auf der Bühne stehen. Und ins Publikum blicken. Und alle würden gebannt seinem Geigenspiel lauschen. Am Ende würde der Applaus über ihn hereinbrechen. Ein wahnsinniger, nicht enden wollender Applaus.

»Wen oder was wirst du erhalten, Max?«, drang in diesem Moment Frau Wegerles Stimme an sein Ohr.

»Applaus«, entfuhr es Max, ehe er auch nur eine Sekunde überlegen konnte.

Die Klasse brüllte. Dann klatschten alle. Sie klatschten wie wild. Einige trampelten sogar mit den Füßen.

»Applaus für Max!«, schrie Philipp.

Und die anderen schrieen mit.

Max spürte, wie ihm das Blut ins Gesicht stieg. Er schämte sich entsetzlich.

»Jetzt wird er auch noch rot. Der kann die Bühne mit seiner eigenen Birne ausleuchten«, grölte Manu.

Max senkte den Kopf. Hätte er es nur nie, nie, niemals verraten! Dass er Geigenspieler werden wollte. Hätte er doch einfach Baggerführer oder Pilot oder Lehrer gesagt! So wie die anderen.

Keinen von denen konnte er mit seinem Geigenspiel hinter dem Ofen hervorlocken. Wenn es wenigstens Schlagzeug gewesen wäre. Oder Gitarre. Zur Not auch noch Klavier.

»Ruhe«, schrie Frau Wegerle, »verflixt noch mal Ruhe!«

Und dann wandte sie sich an Max: »Eine Nachricht wirst du erhalten – das wäre die richtige Antwort gewesen. Und hier ist meine persönliche Nachricht an dich: Du solltest besser aufpassen, Max! Du hast es wirklich nötig.«

In Max Ohren rauschte es. Eine solche Wut hatte er! Auf sich selbst, auf die Klasse und auf Frau Wegerle.

Wer oder was war am blödesten im ganzen Raum? Er wusste es nicht. Es musste sich dringend etwas ändern.

Beispiel für ein Probekapitel

➤ Die Vita

Egal, wie umfangreich Ihr Text ist, ob Sie das ganze Manuskript oder fürs Erste nur ein Exposé anbieten, in ein paar Sätzen sollten Sie auch etwas über sich und Ihre Qualifikation sagen.

Das kann – wie in einem der folgenden Beispiele aufgezeigt – im Anschreiben selbst geschehen. Möchten Sie dem Lektorat mehr als nur einen Satz über sich mitteilen, sollten Sie einen kurzen Lebenslauf, genannt Vita, beilegen. Bedenken Sie, dass für einen Lektor nicht jede Einzelheit Ihres sicherlich interessanten Lebens von Bedeutung ist, wohl aber alles, was mit dem geplanten Buch zu tun hat. Erwähnen Sie auch nicht jeden einzelnen Artikel, den Sie schon geschrieben haben, jede Lesung, die Sie schon gehalten haben. Dies könnte einen falschen Eindruck erzeugen.

Heidemarie Brosche
Obere Knopfstraße 24
98765 Kriggdorf
Telefon: 0432 - 12345
Telefax: 0432 - 12365
E-Mail: email@h-brosche.de
www.h-brosche.de

Persönliches
Geboren 1955, Abitur 1974, verheiratet, drei Söhne (geb. 1986, 1988, 1995)

Tätigkeiten

1977-1986	Lehrerin an Grund- und Hauptschulen
seit 1988	Arbeit als Autorin
1991	Lehrauftrag an der Universität München zum Thema »Kinder- und Jugendliteratur im Deutschunterricht der Hauptschule«
1991	Auswahl zum Vierten Fortbildungsseminar für Kinderbuchautoren der Bertelsmannstiftung
1995	Praktikum in der Redaktion der Monatszeitschrift »X-MAG«
2002	Rückkehr in den Schuldienst als Hauptschullehrerin in Teilzeit

Bücher für Erwachsene
Nervenprobe Pubertät, pro juventute, 2003
Erfolgreich Kinderbücher schreiben, moses., 2003
Wie meine Eltern? - Mütter und Väter denken über ihren Eltern-Schatten nach, orell füssli, 2004 (gemeinsam mit Nele Maar)

Beschäftigungs-/Familienbücher
Mein fröhliches Kinderjahr, Arena Verlag, edition Bücherbär, 2001 (gemeinsam mit Astrid Rösel)
Endlich komme ich in die Schule, Arena Verlag, edition Bücherbär, 2001
Mein erstes Becherlupen-Buch, moses. Verlag, 2005
(gemeinsam mit Astrid Rösel

Erzählende Bücher für Kinder
Max und die Skaterbande, Arena Verlag, Edition Bücherbär, 1999
Der Zauberer aus Badeschaum, Ravensburger Buchverlag, 2000
Abenteuer mit dem Roller, Ravensburger Buchverlag, 2001
Hurra, der Osterhase kommt - Lustige Ostergeschichten,
Arena Verlag, 2002 (Heidemarie Brosche und Katja Reider)
Computergeschichten (LesePiraten), Loewe Verlag, 2002
Judy and the dog, Erstes Englisch, Ravensburger Buchverlag, 2003
Ich hab dich lieb, große Schwester, Ravensburger Buchverlag, 2003
Lukas und der Blechdepp, Auer Verlag, 2003 (Neuaufl. als TB)
Max und die Skaterbande, Auer Verlag, 2003 (Neuaufl. als TB)
Gespenstergeschichten, Ravensburger Buchverlag, 2005
Timmi, der kleine Stürmer, KeRLE bei Herder, 2006
Lisa und die Trickse-Hixe, Verlag arsEdition, 2006

Zahlreiche Beiträge in Büchern, Zeitschriften, BR, SWF 4, WDR

Dieses Beispiel ist, mit Ausnahme eben von Adresse, Telefon- und Faxnummer, meine ganz persönliche Vita – allerdings stark gekürzt.

➤ Das Begleitschreiben

Hoch motiviert entwarf ich zuletzt ein Anschreiben, in dem ich meine Geschichte kommentierte und anpries und mich selbst vorstellte: Exlehrerin, Mutter und Schreibtalent. Schließlich überließ ich ein hübsches Päckchen Briefe vertrauensvoll den erfahrenen Händen der Deutschen Bundespost. An Rückporto verschwendete ich keinen Gedanken.

Dass man ein Manuskript nicht ohne Begleitschreiben anbietet, ist selbstverständlich. Was aber sollte in diesem Schreiben stehen?

Kurze Vorstellung der eigenen Person bzw. Bezugnahme zum telefonischen Gespräch und kurze (!) Beschreibung des beigelegten Manuskriptes.

Überflüssig, wenn nicht sogar schädlich, sind

– das umständliche Beschreiben des persönlichen Lebensweges,
– das Anpreisen der eigenen Person,
– eine Art Gebrauchsanweisung für das Manuskript.

Das Begleitschreiben sollte nicht länger als eine Seite sein, Lektoren sind sehr beschäftigte Verlagsmitarbeiter. Hier zwei Beispiele für mögliche Begleitschreiben.

Heidemarie Brosche
Obere Knopfstraße 24
98765 Kriggdorf
Telefon: 0432 – 12345
Telefax: 0432 – 12365
E-Mail: email@h-brosche.de

Wildwest-Verlag
Frau Norders
Postfach 56782
84635 Batzing

Kriggdorf, 27. Januar 2005

Sehr geehrte Frau Norders,

wie gestern telefonisch besprochen, möchte ich Ihnen hiermit mein Kinderroman-Projekt mit dem Arbeitstitel:

Maximilian und der Skater-King

vorstellen und um eine Beurteilung bitten.

Anbei finden Sie ein Exposé, eine Kapitelübersicht und ein Probekapitel.
Zu Ihrer Information lege ich außerdem eine Vita bei.

Über Ihr Interesse würde ich mich freuen.

Mit freundlichen Grüßen

Heidemarie Brosche

Anlagen

Annemarie Ring
Waldstraße 2
67423 Bad Kreglingen
Telefon: 0879 - 34786
Telefax: 0879 - 34788
E-Mail: AnneRing@t-online.de

Wildwest-Verlag
Lektorat Bilderbuch
Postfach 56782
84635 Batzing

Bad Kreglingen, 27. Januar 2006

Sehr geehrte Damen und Herren,

hiermit möchte ich Ihnen meinen Bilderbuchtext mit dem Arbeitstitel:

Der Zauberer, der nicht singen konnte

vorstellen und um eine Beurteilung bitten. Er richtet sich an Kinder ab vier Jahren.

Zu meiner Person: Im Hauptberuf arbeite ich als Schneiderin. Seit Jahren allerdings werden Kindergeschichten von mir in verschiedenen Zeitschriften veröffentlicht. *Der Zauberer, der nicht singen konnte* ist mein erstes Bilderbuchprojekt.

Über eine positive Nachricht würde ich mich freuen.

Mit freundlichen Grüßen

Annemarie Ring

Anlagen: Manuskript
          Rückporto

➤ Wie versendet man alles?

Wenn Sie nun alles beieinander haben – ein gutes Manuskript oder ein überzeugendes Exposé plus Kapitelübersicht und Probekapitel, eine Vita und ein Begleitschreiben – heften Sie alles auf einen Heftstreifen.

Ach ja, wenn Sie Rückporto beilegen, erhöhen Sie Ihre Chancen, zumindest eine Antwort zu bekommen. Zum guten Schluss stecken Sie alles in eine ausreichend stabile Versandtasche, damit Ihre Unterlagen so ordentlich ankommen, wie Sie sie absenden.

Natürlich können Sie auch per E-Mail Ihr Manuskript anbieten. Für den Erstkontakt würde ich aber nach wie vor den Postweg empfehlen. Schon allein deshalb, weil Sie es mit einer Sendung per E-Mail dem Verlag noch leichter machen, Ihnen eine Ruckzuck-Absage zu verpassen. Aber richten Sie sich im Zweifel nach den Wünschen der Lektorate, wie sie im Verlagsverzeichnis abgedruckt sind.

TIPP

> Richten Sie Ihr Schreiben an den zuständigen Lektor.
> Schicken Sie bei größeren Werken nicht das ganze Manuskript, sondern ein Exposé, das Inhaltsverzeichnis oder die Kapitelübersicht und ein Probekapitel.
> Legen Sie eventuell eine kurze Vita bei.
> Verwenden Sie Sorgfalt auf das Verfassen dieser Schriftstücke und des Anschreibens.
> Denken Sie an Rückporto.

➤ Warten auf Antwort

Selbstverständlich war ich im Innersten davon überzeugt, dass, wer auch immer im Verlag meine Geschichte lesen würde, vor Freude über die Entdeckung eines neuen großen Talents wenn schon nicht an die Decke springen, so doch augenblicklich zum Telefonhörer greifen würde, um mir ebendies mitzuteilen.

Woran ich überhaupt nicht dachte, waren die Kriterien, nach denen das Lektorat mein Manuskript prüfen würde:
- Passt das Buch ins Verlagsprogramm?
- Warum könnten Kinder gerade dieses Buch lesen?
- Warum könnten Käufer (Eltern, Großeltern, Erzieher, Lehrer ...) gerade dieses Buch kaufen?
- Warum könnten Buchhändler sich gerade für dieses Buch entscheiden?
- Liegt das Thema zurzeit »im Trend«?
- Lag das Thema gerade erst im Trend, ist aber jetzt überstrapaziert?
- Hat sich das Thema als schwer verkäuflich erwiesen?
- Lässt sich das Buch attraktiv illustrieren?

Ebenso wie ich mir zu diesem Zeitpunkt noch recht wenige Gedanken über die Bewertungskriterien hinsichtlich der Textqualität machte:
- Ist der Inhalt gut/altersgemäß/originell?
- Ist die Sprache gut/altersgemäß/originell?
- Passt die Art des Textes zur Alterszielgruppe?
- Passen Wortschatz und Satzbau zur Alterszielgruppe?

Dass ich damals so sicher war, Begeisterungsstürme zu ernten, kommt mir heute reichlich übertrieben vor. Es ist für einen Autor selbstverständlich wichtig, von sich selbst überzeugt zu sein.

Wenn man nicht einmal selbst an sich, sein Können und seine Ideen glaubt, wie sollte es ein anderer? Wie sollte man dann andere überzeugen können? Wenn Sie nicht sicher sind, etwas Besonderes, Neues, vielleicht sogar Einzigartiges geschaffen zu haben, woher wollen Sie dann die Energie nehmen, trotz aller Widrigkeiten weiter zu schreiben?

Von diesem Zeitpunkt an wurde der tägliche Gang zum Briefkasten Kult. In jedem Klingeln des Telefons schwang etwas Verheißungsvolles mit. (Das ist übrigens bis heute so geblieben. Nur, dass im Laufe der Zeit Anrufbeantworter, Faxgerät und E-Mail dazugekommen sind.)

Was zunächst kam, war – nichts. Kein Brief, kein Anruf. Es tat sich rein gar nichts. Ich konnte es nicht glauben. Zumindest Bescheid sagen müssten sie mir doch. Während ich noch grübelte, weitere Möglichkeiten und Schritte überlegte, tat sich nach ein paar Wochen dann doch etwas.

Ein Brief, der schon vom Äußeren her eindeutig als Verlagsbrief zu identifizieren war, traf ein. Mit zitternden Händen – an dieser

Stelle übrigens kein Klischee, sondern die Wahrheit – riss ich das Kuvert auf. Sekundenbruchteile später blickte ich der traurigen Wahrheit ins Gesicht: Man war nicht interessiert an meiner Geschichte, wünschte mir aber alles Gute für meinen weiteren Werdegang. Enttäuschung machte sich breit. Dass die meine schöne Geschichte so gar nicht zu schätzen wussten!

➤ Wann nachfragen?

Viele, viele Wochen, eine lange Zeit! Wenn ich vom Schreiben hätte leben müssen, wäre ich in der Zwischenzeit verhungert.

Tatsächlich aber muss man als weniger bekannter Autor mit langen Wartezeiten rechnen. Lektoren haben nämlich noch jede Menge andere Dinge zu tun, als eingehende Manuskripte zu lesen. Sie kalkulieren und redigieren, sie arbeiten mit den Abteilungen Herstellung, Werbung und Vertrieb zusammen. Sie kümmern sich darum, wie Bücher aufgemacht und im Katalog platziert werden. Irgendwie stecken sie immer in der laufenden Produktion. Und müssen – ganz nebenbei – weitere Produktionen vorbereiten.

Sie können als Autor nach einer angemessenen Zeitspanne von vier bis sechs Wochen telefonisch nachfragen – was aber nicht unbedingt zu einer schnelleren Entscheidung führen muss:
> Es könnte immerhin sein, dass gerade Ihr Manuskript verlegt worden ist, im räumlichen Sinne!
> Es könnte sein, dass Ihr Manuskript verloren gegangen ist.
> Es könnte sein, dass man nun, wo man dran erinnert wird, gerade Ihr Manuskript als nächstes lesen wird.

Mir ist im Laufe der Jahre vieles passiert: Vom mysteriös verloren gegangenen Manuskript bis zum verlegten und vergessenen war wirklich alles geboten.

Der Extremfall: Ich hatte wieder einmal einen telefonischen Kontakt hergestellt. Ja, meine Idee klinge sehr interessant. Ja, ich solle meinen Text schicken. Ich schickte. Und hoffte. Doch ich hörte – nichts. Nach einigen Wochen wurde ich unruhig. Warum ließ diese nette Lektorin denn nun gar nichts von sich hören? Zumindest absagen konnte sie mir doch? Sollte ich anrufen? Oder lieber doch warten? Schließlich wollte ich ja nicht aufdringlich sein. Die Vorstellung, die nette Dame raunte bei Nennung meines Namens ein genervtes »Die schon wieder!« in Richtung Kollegenkreis, ließ mich noch zögern.

Doch nach etlichen weiteren Wochen überwand ich mich. Was hatte ich schon zu verlieren? Ich rief also an und vernahm ein erschrockenes »Du lieber Himmel, Ihren Text habe ich vergessen!«

Wenig später kam das Verlagsangebot, positiv, extrem positiv! Kurz gesagt: Das Manuskript wurde veröffentlicht, brachte mir Selbstvertrauen und mehr Geld, als ich damals je zu hoffen gewagt hatte.

Hätte ich nicht angerufen, wäre womöglich nie etwas daraus geworden.

Seit damals schiebe ich Skrupel beiseite. Wenn mir danach ist, frage ich nach. Nicht nach einer Woche, auch nicht nach zwei. Aber nach einer angemessenen Zeit von vier bis sechs Wochen immer. Selbst der Gedanke daran, mir einen erstklassigen Nervensägen-Ruf zu erwerben, lässt mich mittlerweile weitgehend kalt. Lieber Nervensäge, die zur Kenntnis genommen wird, als vergessenes Mauerblümchen.

Zunehmender Schreiberfolg und zunehmende Vertrautheit mit Lektoren ließen mich im Laufe der Jahre immer wieder nachfragen, wie man die überaus langen und für Autoren so demotivierenden Wartezeiten verhindern könne. Die meisten Antworten fielen wie der folgende Tipp aus:

TIPP

> Lektorate bitte nicht ungeduldig tyrannisieren, ihnen aber doch immer wieder gemäßigt auf die Nerven gehen! Wer zu brav wartet, geht leicht unter.

8

Verlagsabsagen in Zusagen verwandeln

Im Laufe der nächsten Wochen gab es zwar immer noch keine begeisterten Telefonanrufe, aber doch ein paar Briefe.

Hier eine Auswahl der Ablehnungstexte:

... Unsere Prüfung hat jedoch ergeben, dass es für den ...Verlag leider nicht in Frage kommt. Wir bitten Sie um Verständnis, dass wir nicht näher auf die Gründe eingehen, denn tagtäglich erreichen uns viele ähnliche Angebote ...

... der ...Verlag freut sich, dass Sie bei der geplanten Veröffentlichung Ihres Werkes an ihn gedacht haben. Leider sind wir nur ein kleines Lektorat und schicken Ihnen daher Ihre Unterlagen zurück, ohne inhaltlich Stellung zu nehmen. Die von Ihnen vorgeschlagene Buchidee passt zur Zeit nicht in unser Verlagsprogramm ...

... Leider müssen wir Ihnen mitteilen, dass wir oben genannten Titel nicht in unser Programm aufnehmen können ...

... Nach eingehender Prüfung durch unser Lektorat möchten wir von einer Veröffentlichung absehen. Ihr Manuskript lässt sich leider nicht in unser kleines und doch eher spezielles Programm integrieren. Wir bedauern Ihnen keine andere Mitteilung machen zu können und bedanken uns für Ihr Vertrauen ...

Naiv und unerfahren, wie ich damals war, hatte ich keine Ahnung, wie es in den Verlagen zugeht. Dass die Lektorate überschwemmt werden mit so genannten unverlangt eingesandten Manuskripten, dass täglich neue Stapel per Post (und seit einiger Zeit auch per E-Mail) eintreffen, dass unter all diesen Manuskripten nur äußerst wenige brauchbar sind, dass die Lektorate alleine mit den Ablehnungsschreiben voll beschäftigt wären, wenn sie jedes einzelne Manuskript würdigen würden – das alles war mir nicht bewusst. Und deshalb war ich so enttäuscht. Mittlerweile weiß ich es, und versende meine Manuskripte auch nicht mehr unaufgefordert.

Wenn Sie dies allerdings tun werden – und zu Beginn lässt es sich kaum vermeiden – sollten Sie prüfen, ob Sie auf die richtige Weise anbieten und Sie sollten sich klar machen, dass Absagen an der Tagesordung sind, Zusagen dagegen nicht. Sehen Sie dies von Anfang an in der richtigen Relation, dann wird es Sie nicht so hart treffen, wenn man Sie auf den Boden der Tatsachen holt.

Dennoch sollten Sie kritisch mit sich zu Rate gehen. Was könnten die Gründe für ein Ablehnungsschreiben sein?

- Habe ich den falschen Verlag ausgewählt? Passt also meine Idee gar nicht ins Verlagsprogramm?
- Passt meine Idee zwar ins Verlagsprogramm, aber hat der ausgewählte Verlag eine ähnliche Idee gerade erst verwirklicht oder hat er die Verwirklichung einer ähnlichen Idee in Planung? Bin ich also zu spät gekommen?
- Hat der Verlag mit einer ähnlichen Idee schlechte Erfahrungen gemacht? Befürchtet er also, dass sich das Buch nicht verkaufen wird?
- Ist meine Idee gut, aber habe ich sie womöglich nicht gut umgesetzt?
- Ist meine Idee vielleicht doch nicht so gut?

Ihr weiteres Vorgehen wird davon abhängen, welche Antwort Sie für sich gefunden haben.

TIPP

> Freuen Sie sich auf Reaktionen – das wirkt motivierend. Aber freuen Sie sich nicht zu sehr im Voraus!
> Wählen Sie einen Verlag, in dessen Programm Ihre Idee besser passen würde.
> Oder verbessern Sie die Umsetzung Ihrer Idee.
> Oder verwerfen Sie die Idee und nehmen etwas Neues in Angriff.

➢ Ein Verlag sucht Texte

Eigentlich hätte ich tief deprimiert sein müssen, aber ich hatte in der Zwischenzeit schon wieder jede Menge neuer Ideen. Und so gab es für mich keinen Zweifel: Ich schreibe weiter!

Ich sandte zwar die erste Geschichte noch an weitere Verlage, wenn auch vergeblich. Inzwischen bekam ich mein zweites Kind und schrieb, was das Zeug hielt. Irgendwie und irgendwann gelang es mir, meine beiden Süßen täglich zur selben Zeit zum Mittags-schlaf abzulegen, und diese Zeit wurde mir heilig. Gnade dem, der eines der Kinder weckte und mich damit um meine Schreibzeit brachte!

Ich sehe mich noch, wie ich in der Anfangszeit, kaum waren die Kleinen im Bett, hektisch die elektronische Schreibmaschine auf den Esstisch beförderte und dann loslegte. Einmal – das Baby machte aus irgendeinem unerfindlichen Grund seinen Mittags-schlaf im Wohnzimmer – schrieb ich, um es nicht zu wecken, in der Küche, mangels Arbeitstisch abwechselnd stehend und kniend.

Was mich gar so beflügelt hatte: Bei einem der Telefongesprä-che mit einem Lektor erfuhr ich, dass man gerade Gute-Nacht-Ge-schichten suchte. Das war wie eine Herausforderung für mich!

Und dies sollte sich auch immer wieder als Vorteil von Telefo-naten herausstellen:

– Im Gespräch erfährt man mehr voneinander.
– Im Gespräch stößt man auf Themen, die man normalerweise noch nicht mal angedacht hätte.

So ein Telefonat lässt im besten Falle aus einem unaufgefordert eingesandten Manuskript eine Anforderung werden. Der Lektor wird nun zwar nicht gerade auf Ihren Text warten, aber er wird sich vermutlich an das Gespräch erinnern und doch ein wenig neugierig sein.

Wenn Sie aber der Tipp des Lektors nicht elektrisiert, Sie keine Lust verspüren, das Thema anzupacken oder nicht die Qualifika-tion für die gesuchte Geschichtenart mitbringen, dann sollten Sie sich auch nicht verbiegen. Man muss wissen, was man nicht kann.

Meine Gedanken spazierten in die verschiedensten Richtun-gen, und so entstanden auch recht verschiedene Geschichten, die allesamt nur eines gemeinsam hatten: Man konnte sie gut abends am Bett eines Kindes vorlesen.

Drei von diesen Geschichten schickte ich – als Kostprobe, wie ich es auch im Begleitschreiben erklärte – an den Verlag. Gute fünf (!) Monate, in denen ich zwar nicht untätig blieb, aber doch zunehmend verzagter wurde, vergingen.

TIPP

> Wenn Sie erfahren, dass ein Verlag eine ganz bestimmte Art Geschichten sucht, lassen Sie sich davon motivieren.
> Wenn Sie feststellen, dass Sie mit der Art der gesuchten Geschichten nichts anfangen können, lassen Sie es besser bleiben.

➤ Als Autor auf Buchmessen

Erinnern Sie sich an den netten Lektor, der mich telefonisch zur Kinderbuchmesse in Bologna eingeladen und mir Eintrittskarten gesandt hatte? Nun, wenn ich daran zurückdenke, dann waren meine Gefühle denen des Größenwahnsinns nicht ganz unähnlich, als mich mein Mann nach Bologna fuhr. Ein neuer Stern am Kinderbuchautorenhimmel war geboren worden! Sicher würde man mich mit gebührender Hochachtung empfangen, denn sonst hätte man mich ja nicht eingeladen.

Tat man aber nicht. Der Lektor war den ganzen Tag nicht zu sprechen. Termine, Termine, Termine ...

Natürlich wusste ich den Tag dennoch zu nutzen. Immerhin hatte ich hier ja nun endlich die ganze Palette der deutschsprachigen Kinderbuchverlage vor Augen. Gierig sog ich alles in mich auf, was es zu sehen gab, sammelte Verlagsprospekte – und versuchte, Gespräche zu führen. Sehr bald stellte ich fest, dass dies ein eher vergebliches Unterfangen war. Zeit für längere Unterre-

dungen hatte ohnehin keiner, und das Interesse am aufgehenden
Stern des Kinderbuchautorenhimmels hielt sich in Grenzen.

Dass Buchmessen nicht dazu da sind, aufgehende Sterne zu ho-
fieren, hätte ich mir eigentlich denken können. Dachte ich mir
aber nicht, denn ich hatte nicht die geringste Ahnung von Buchmessen. Mittlerweile weiß ich,
– dass die größte Buchmesse alljährlich im Oktober stattfindet,
  die Frankfurter Buchmesse: www.frankfurter-buchmesse.de
– dass immer im März eine Buchmesse in Leipzig stattfindet:
  www.leipziger-buchmesse.de
– dass die Kinderbuchmesse in Bologna im März oder April besucht werden kann: www.bolognafiere.it/bookfair

Neben diesen kommerziellen Messen gibt es alljährlich die KIBUM
(Oldenburger Kinderbuchmesse), die von der Stadt Oldenburg,
der Universität Oldenburg und der Volkshochschule Oldenburg
ausgerichtet wird. Sie ist – laut eigener Beschreibung – eine der
großen alljährlich stattfindenden Kinder- und Jugendbuchausstel-
lungen in Deutschland: www.oldenburg.de/stadtol/index.php
Was ich inzwischen auch weiß, ist, dass kommerzielle Buchmessen für alles Mögliche genutzt werden. Buchhändler wollen
zum Messerabatt bestellen, Verlagsleute wollen Lizenzen für aus-

ländische Buchproduktionen ergattern oder verkaufen, Autoren und Illustratoren wollen sich vorstellen ... All dies und noch viel mehr findet in Form von Gesprächen statt, und für diese Gespräche wiederum braucht man Termine.

Wie eng diese Termine gehalten sind, musste ich erfahren, als ich vor ein paar Jahren die Frankfurter Buchmesse besuchte. Von zu Hause aus hatte ich telefonisch Termine mit verschiedenen Verlagen vereinbart, gleich morgens den ersten und dann einen nach dem anderen, bis ich dann noch ein wenig Zeit haben würde, mich in Ruhe umzusehen.

Nun hatte mein Zug Verspätung. Ich feuerte den Taxifahrer an, stand innerlich vor Ungeduld vibrierend an der Kasse, jagte gehetzt durch die Gänge, erreichte endlich den vereinbarten Messestand, etwa zehn Minuten zu spät, stammelte eine Erklärung – um von der betreffenden Lektorin zu erfahren, dass sich das Gespräch nun nicht mehr lohne. Sie habe in fünf Minuten ihren nächsten Termin und der sei in Halle ... , da könne sie nicht überziehen. Wir versuchten einen Ersatztermin zu finden, doch dies stellte sich als äußerst schwierig heraus. Der einzige freie Termin, den sie noch hatte, war bei mir schon belegt. Schließlich vereinbarten wir, ich solle einfach noch einmal vorbeischauen. Dies tat ich mehrmals in den kleinen Lücken, die sich zwischen meinen Terminen so ergaben, und einmal klappte es dann auch. Allerdings musste ich mich förmlich dazwischen werfen, denn außer mir kämpften noch andere um einen Spontan-Termin.

Der Vorteil der Reise lag dennoch auf der Hand: Ich hatte viele Gespräche an einem Tag führen können.

Was ich inzwischen auch noch weiß: Wie sehr man sich auf den Besuch einer Buchmesse freuen und wie schrecklich deprimiert man von diesem Besuch zurückkehren kann. Nirgendwo sonst wird einem Kinderbuchautor – gerade wenn er sich noch am Anfang seiner »Karriere« befindet – so deutlich vor Augen geführt, dass die Welt gerade auf ihn nicht gewartet hat. Eine derartige Fülle von – nicht nur, aber auch – gut gemachter Kinderliteratur kann auf Selbstwertgefühl und Motivation geradezu vernichtend wirken. Kurzfristig. Langfristig gesehen, hat mich persönlich jeder Messebesuch auch wieder ein Stück weiter gebracht. Alleine das Studium der verschiedenen Verlagsprospekte – in Ruhe, zu Hause – wirkte inspirierend auf mich. Nicht nur einmal resultierte aus dieser Inspiration und Information eine erfolgreiche Bewerbung bei einem Kinderbuchverlag.

Übrigens habe ich den Messebesuch immer dann seelisch unbeschadet überstanden, wenn ich nicht alleine unterwegs war. Gemeinsamkeit macht auch unter Autoren stark – und wenn es nur gemeinsames Lachen oder Lästern ist.

TIPP

> Besuchen Sie eine oder mehrere Buchmessen, aber erwarten Sie nicht zu viel von diesem Besuch.
> Nutzen Sie den Besuch zur Information und Inspiration, wenn möglich auch zur Kommunikation.
> Rechnen Sie von vorneherein mit der kurzfristig deprimierenden Wirkung eines Besuches.
> Besuchen Sie die Messe – wenn möglich – mit einer seelenverwandten Person.

➤ Alternativen: Zuschussverlag, Selbstverlag, Books on Demand

Auf einem Seminar hörte ich zum ersten Mal, man solle sich von der Idee, eine Veröffentlichung im Druckkostenzuschussverlag zu erreichen, am besten gleich wieder verabschieden. Zunächst erklärte man uns natürlich, was das eine wie das andere konkret bedeutet:

Druckkostenzuschussverlag

Da es so viele Autoren gibt, die ihre Werke gerne veröffentlicht sehen würden, haben sich eine Reihe von Unternehmen etabliert, die Bücher – oft ohne Ansehen von Qualität und Verkaufschancen – veröffentlichen, sich diese Veröffentlichung aber vom Autor bezahlen lassen. Das heißt: Entweder bezahlt der Autor einen so genannten Zuschuss zu den Druckkosten oder er verpflichtet sich, eine größere Menge fertiger Bücher abzunehmen. Das kostet ihn eine Stange Geld. Dass diese Unternehmen oft mit schönen Prospekten locken, darf nicht darüber hinwegtäuschen: Ein echter, ernstzunehmender Vertrieb findet meist nicht statt. Und: Wer im Druckkostenzuschussverlag veröffentlicht, tut seinem Ruf nichts Gutes.

Selbstverlag

Der Autor gründet selbst einen Verlag und veröffentlicht sein Werk in seinem eigenen Verlag. Er muss sich um alles selbst kümmern – wie Druck, Vertrieb, Werbung – und trägt auch das finanzielle Risiko selbst.

Books on Demand

Mit Books on Demand können Sie als Selbstverleger Ihre Buch mit geringem finanziellen Risiko herstellen lassen. Das Buch wird elektronisch gespeichert, der eigentliche Ausdruck der Buchseiten erfolgt erst, wenn eine Bestellung eingegangen ist – on demand, auf Nachfrage also. Vorteil: Keine festen Auflagen, geringeres Risiko. Wie beim Selbstverlag bestimmt der Autor, wie sein Buch gestaltet wird. Er zahlt die Grundkosten, entscheidet sich selbst für ein Format, bestimmt den Verkaufspreis selbst, gestaltet die Druckvorlage selbst. Wer dazu Dienstleister braucht, muss die Kosten dafür dazurechnen.

Aber wer veröffentlichen will, tut einiges dafür. Und wenn dieses Einige nicht genug ist, beschreitet er manchmal auch alternative Wege. Ich kann das gut verstehen.

Als sich bei mir einmal so gar nichts tun wollte, zog ich ernsthaft in Erwägung, eine Buchidee selbst zu verwirklichen. Ich wollte mein Buch selbst illustrieren lassen, selbst drucken lassen, selbst binden lassen und es anschließend selbst vertreiben. Ich habe damals Kostenvoranschläge eingeholt und erste Gespräche geführt, wo und wie sich mein Buch wohl verkaufen lassen würde. Glücklicherweise ist es nie so weit gekommen. Ich vermute nämlich, dass mir dieses Vorgehen viele Mühen, Kosten und wenig Erfolg gebracht hätte.

Selbstverständlich können Sie Ihr Buch, für das sich nun partout nicht der richtige Verlag finden will, im Selbstverlag herausbringen. Es gibt dafür auch Erfolgsbeispiele, bedenken Sie aber bitte: Es ist zwar für einen Anfänger sehr schwierig, »seinen« Verlag zu finden, aber normalerweise lohnt es sich, das eigene Werk diese Hürde nehmen zu lassen. Wenn nämlich das Lektorat eines erfahrenen Verlags Ihr Manuskript für veröffentlichungsreif hält, heißt dies eben auch, dass erfahrene Fachleute Ihrem Werk zutrauen, sich auf dem Markt zu verkaufen.

Wenn Sie aber einen Druckkostenzuschussverlag mit der Veröffentlichung Ihres Werkes beauftragen, heißt dies zwar, dass es gedruckt wird, aber es heißt auch, dass es meist keinerlei Hürde zu nehmen hat. Dem Druckkostenzuschussverlag nämlich kann es ziemlich egal sein, ob er Ihrem Werk Chancen einräumt. Sein Risiko ist gleich null, denn Sie, der Autor, übernehmen dies ja. Sie zahlen.

Ähnlich verhält sich die Sache, wenn Sie Ihr Werk im Selbstverlag oder als Book on Demand veröffentlichen. Sie zahlen dann zwar viel weniger, aber Sie müssen sich um alles selbst kümmern: Lektorat, Korrektorat, Satzgestaltung. Und was fast noch schwerer wiegt: Auch in diesem Fall ist keine Hürde zu nehmen, es sei denn, Sie schalten einen externen Lektor ein. In jedem Fall zahlen Sie und tragen das finanzielle Risiko.

TIPP

> Überlegen Sie gut, ehe Sie Ihr Buch im Zuschussverlag, Selbstverlag oder als Book on Demand herausbringen.
> Bedenken Sie, dass es zwar schwieriger ist, Ihr Buch in einem renommierten Kinderbuchverlag erscheinen zu lassen, aber dass es große Vorteile hat, wie zum Beispiel kritisches Lektorat, Vertrieb, Werbung – und Autorenhonorar.
> Es ist Ihrem Ruf und damit weiteren Veröffentlichungen dielich, wenn Ihr Buch in einem renommierten Velag erscheint.

9

Zusage – mit Verlagsvertrag!

Dann geschah das Wunder: Nach den bereits erwähnten fünf Monaten traf ein Brief ein, der nicht mit »Leider ...« begann. Stattdessen durfte ich klopfenden Herzens lesen:

Sehr geehrte Frau Brosche,

vielen Dank für Ihr Schreiben vom ... und die Zusendung der Geschichten, die wir geprüft haben.

In unser geplantes Gute-Nacht-Geschichten-Buch würden wir gerne die Geschichte ... aufnehmen.

Mit freundlichen Grüßen

Ich war überglücklich.

Ich störte mich weder daran, dass ich die nicht sehr lange Geschichte um sieben Zeilen kürzen musste, noch an dem eher bescheidenen Honorar. Ich fand es einfach großartig, dass endlich, endlich eine Geschichte von mir veröffentlicht werden würde. Das, worauf ich nun schon einige Monate hingearbeitet hatte, war wahr geworden.

Und nun hielt mich nichts mehr.

Wenn ein Verlag eine meiner Geschichten für veröffentlichungswürdig befunden hatte, dann konnte dies doch wohl nichts anderes bedeuten, als dass ich veröffentlichungswürdig schreiben konnte.

Dass ich mich damals so überaus freute über die Annahme einer kurzen und doch recht harmlosen Geschichte, erscheint mir aus heutiger Sicht – auch bei einem Blick auf die kleine Geschichte – doch wieder übertrieben. Andernteils ist die erste Zusage eben etwas Besonderes. Sie ist wie der Startschuss zu einer Karriere als Schriftsteller! Zumindest aus der Sicht des jungen Autors.

Schließlich ist Motivation fürs kreative Schaffen so wichtig. Die Glückshormone, die in diesem Moment ausgeschüttet werden, bilden die Triebfeder zu neuen Taten.

➤ Kompromissbereitschaft zeigen

Gut war auch, dass ich auf die Forderungen des Verlags eingegangen bin. Natürlich hätte ich mich weigern können, meine Geschichte zu kürzen. Hätte darauf verweisen können, dass diese so und nicht anders meinen Vorstellungen entspreche. Dass ich als Künstlerin nicht bereit sei, auch nur eines meiner wohl überlegten Worte zu entfernen.

Ich hätte auch um Geld feilschen können. Um bessere Vertragsbedingungen.

Was bei alldem herausgekommen wäre: Der Verlag hätte sich von meiner Geschichte und mir verabschiedet.

Wer keinen Namen hat, wer etwas produziert, was viele andere auch können – und die Gute-Nacht-Geschichten waren nicht unbedingt etwas Neues und Einzigartiges in der Kinderliteratur – der kann nur allzu leicht ersetzt werden.

Doch selbst bei anspruchsvolleren Projekten empfiehlt es sich, Kompromissbereitschaft zu zeigen und der Kompetenz der Verlagsfachleute zu vertrauen.

Was selbstverständlich nicht heißen soll, sich und sein Werk verbiegen zu lassen. Jeder muss selbst entscheiden, wo die ganz persönliche Grenze der Anpassungsbereitschaft ist.

TIPP

> Zeigen Sie sich Verlagen gegenüber kompromissbereit, aber biedern Sie sich nicht an, Sie sind der Autor!

Für Buchautoren haben der Verband deutscher Schriftsteller (VS) in der ver.di und der Verlegerausschuss des Börsenverein des Deutschen Buchhandels e.V. einen so genannten Normvertrag vereinbart.

Erhält man als Autor von einem Verlag einen Vertrag zur Unterschrift vorgelegt, sollte man diesen Punkt für Punkt mit dem Normvertrag vergleichen. Wer sich nicht sicher ist, sollte unbedingt vor der Unterzeichnng rechtlichen Rat einholen.

Rahmenvertrag

(vom 19. Oktober 1978 in der ab 1. April 1999 gültigen Fassung)
Zwischen dem Verband deutscher Schriftsteller (VS) in der IG Medien und dem Börsenverein des Deutschen Buchhandels e. V. – Verleger-Ausschuss - ist folgendes vereinbart:

1. Die Vertragschließenden haben den diesem Rahmenvertrag beiliegenden Normvertrag für den Abschluss von Verlagsverträgen vereinbart. Die Vertragschließenden verpflichten sich, darauf hinzuwirken, dass ihre Mitglieder nicht ohne sachlich gerechtfertigten Grund zu Lasten des Autors von diesem Normvertrag abweichen.

2. Die Vertragschließenden sind sich darüber einig, dass einige Probleme sich einer generellen Regelung im Sinne eines Normvertrags entziehen. Dies gilt insbesondere für Options- und Konkurrenzausschlussklauseln einschließlich etwaiger Vergütungsregelungen, bei deren individueller Vereinbarung die schwierigen rechtlichen Zulässigkeitsvoraussetzungen besonders sorgfältig zu prüfen sind.

3. Dieser Vertrag wird in der Regel für folgende Werke und Bücher nicht gelten:
   a) Fach- und wissenschaftliche Werke im engeren Sinn einschließlich Schulbücher, wohl aber für Sachbücher;
   b) Werke, deren Charakter wesentlich durch Illustrationen bestimmt wird; Briefausgaben und Buchausgaben nicht original für das Buch geschriebener Werke;
   c) Werke mit mehreren Rechtsinhabern wie z. B. Anthologien, Bearbeitungen;
   d) Werke, bei denen der Autor nur Herausgeber ist;
   e) Werke im Sinne des § 47 Verlagsgesetz, für welche eine Publikationspflicht des Verlages nicht besteht.

4. Soweit es sich um Werke nach Ziffer 3 b) bis e) handelt, sollen die Verträge unter Berücksichtigung der besonderen Gegebenheiten des Einzelfalles so gestaltet werden, dass sie den Intentionen des Normvertrags entsprechen.

5. Die Vertragschließenden haben eine „Schlichtungs- und Schiedsstelle Buch" eingerichtet, die im Rahmen der vereinbarten Statuten über die vertragschließenden Verbände von jedem ihrer Mitglieder angerufen werden kann.

6. Die Vertragschließenden nehmen nunmehr Verhandlungen über die Vereinbarung von Regelhonoraren auf.

7 Dieser Vertrag tritt am 1. 4. 1999 in Kraft Er ist auf unbestimmte Zeit geschlossen und kann - mit einer Frist von sechs Monaten zum Jahresende - erstmals zum 31. 12. 2001 gekündigt werden. Die Vertragschließenden erklären sich bereit, auch ohne Kündigung auf Verlangen einer Seite in Verhandlungen über Änderungen des Vertrages einzutreten.

Stuttgart und Frankfurt am Main, den 19. Februar 1999
Industriegewerkschaft Medien
– Verband deutscher Schriftsteller -

Börsenverein des Deutschen Buchhandels e. V
– Verleger-Ausschuss -
Der Verleger-Ausschuss hat den VS darauf hingewiesen, dass er für eine Vereinbarung von Regelhonoraren nach wie vor kein Mandat hat. Der VS legt jedoch Wert darauf, diese bei der Änderung des Rahmenvertrags vom 1.1.1984 aufgenommene Bestimmung in die Neufassung zu übernehmen.

Normvertrag
Verlagsvertrag
zwischen
(nachstehend: Autor) und
(nachstehend: Verlag)

§ 1 Vertragsgegenstand

1. Gegenstand dieses Vertrages ist das vorliegende/noch zu verfassende Werk des Autors unter dem Titel/Arbeitstitel:
   (gegebenenfalls einsetzen: vereinbarter Umfang des Werks, Spezifikation des Themas usw)

2. Der endgültige Titel wird in Abstimmung zwischen Autor und Verlag festgelegt, wobei der Autor dem Stichentscheid des Verlages zu widersprechen berechtigt ist, soweit sein Persönlichkeitsrecht verletzt würde.

3. Der Autor versichert, dass er allein berechtigt ist, über die urheberrechtlichen Nutzungsrechte an seinem Werk zu verfügen, und dass er, soweit sich aus § 14 Absatz 3 nichts anderes ergibt, bisher keine den Rechtseinräumungen dieses Vertrages entgegenstehende Verfügung getroffen hat. Das gilt auch für die vom Autor gelieferten Text- oder Bildvorlagen, deren Nutzungsrechte bei ihm liegen. Bietet er dem Verlag Text- oder Bildvorlagen an, für die dies nicht zutrifft oder nicht sicher ist, so hat er den Verlag darüber und über alle ihm bekannten oder erkennbaren rechtlich relevanten Fakten zu informieren. Soweit der Verlag den Autor mit der Beschaffung fremder Text- oder Bildvorlagen beauftragt, bedarf es einer besonderen Vereinbarung.

4. Der Autor ist verpflichtet, den Verlag schriftlich auf im Werk enthaltene Darstellungen von Personen oder Ereignissen hinzuweisen, mit denen das Risiko einer Persönlichkeitsrechtsverletzung verbunden ist. Nur wenn der Autor dieser Vertragspflicht in vollem Umfang nach bestem Wissen und Gewissen genügt hat, trägt der Verlag alle Kosten einer eventuell erforderlichen Rechtsverteidigung. Wird der Autor wegen solcher Verletzungen in Anspruch genommen, sichert ihm der Verlag seine Unterstützung zu, wie auch der Autor bei der Abwehr solcher Ansprüche gegen den Verlag mitwirkt.

§ 2 Rechtseinräumungen

1. Der Autor überträgt dem Verlag räumlich unbeschränkt für die Dauer des gesetzlichen Urheberrechts das ausschließliche Recht zur Vervielfältigung und Verbreitung (Verlagsrecht) des Werkes für alle Druck- und körperlichen elektronischen Ausgaben sowie für alle Auflagen ohne Stückzahlbegrenzung für die deutsche Sprache. Sobald sich die Rahmenbedingungen für eine elektronische Werknutzung in Datenbanken und Online-Diensten geklärt haben, werden sich VS in der IG Medien und Börsenverein über eine entsprechende Ergänzung des Normvertrages verständigen. Bis dahin sollten entsprechende Rechtseinräumungen einzelvertraglich geregelt werden.

2. Der Autor räumt dem Verlag für die Dauer des Hauptrechts gemäß Absatz 1 und § 5 Absatz 2 außerdem folgende ausschließliche Nebenrechte – insgesamt oder einzeln – ein:
   a) Das Recht des ganzen oder teilweisen Vorabdrucks und Nachdrucks, auch in Zeitungen und Zeitschriften;
   b) das Recht der Übersetzung in eine andere Sprache oder Mundart;
   c) das Recht zur Vergabe von Lizenzen für deutschsprachige Ausgaben in anderen Ländern sowie für Taschenbuch-, Volks-, Sonder-, Reprint-, Schul- oder Buchgemeinschaftsausgaben oder andere Druck- und körperlichen elektronischen Ausgaben;
   d) das Recht der Herausgabe von Mikroskopieausgaben;
   e) das Recht zu sonstiger Vervielfältigung, insbesondere durch fotomechanische oder ähnliche Verfahren (z.B. Fotokopie);
   f) das Recht zur Aufnahme auf Vorrichtungen zur wiederholbaren Wiedergabe mittels Bild- oder Tonträger (z.B. Hörbuch), sowie das Recht zu deren Vervielfältigung, Verbreitung und Wiedergabe;
   g) das Recht zum Vortrag des Werks durch Dritte;
   h) die am Werk oder seiner Bild- oder Tonträgerfixierung oder durch Lautsprecherübertragung oder Sendung entstehenden Wiedergabe- und Überspielungsrechte;
   i) das Recht zur Vergabe von deutsch- oder fremdsprachigen Lizenzen in das In- und Ausland zur Ausübung der Nebenrechte a) bis h).

3. Darüber hinaus räumt der Autor dem Verlag für die Dauer des Hauptrechts gemäß Absatz 1 weitere ausschließliche Nebenrechte - insgesamt oder einzeln - ein:
   a) Das Recht zur Bearbeitung als Bühnenstück sowie das Recht der Aufführung des so bearbeiteten Werkes;
   b) das Recht zur Verfilmung einschließlich der Rechte zur Bearbeitung als Drehbuch und zur Vorführung des so hergestellten Films;
   c) das Recht zur Bearbeitung und Verwertung des Werks im Fernsehfunk einschließlich Wiedergaberecht;
   d) das Recht zur Bearbeitung und Verwertung des Werks im Hörfunk, z.B. als Hörspiel einschließlich Wiedergaberecht;
   e) das Recht zur Vertonung des Werks;
   f) das Recht zur Vergabe von Lizenzen zur Ausübung der Nebenrechte a) bis e).

4. Der Autor räumt dem Verlag schließlich für die Dauer des Hauptrechts gemäß Absatz 1 alle durch die Verwertungsgesellschaft Wort wahrgenommenen Rechte nach deren Satzung, Wahrnehmungsvertrag und Verteilungsplan zur gemeinsamen Einbringung ein. Bereits abgeschlossene Wahrnehmungsverträge bleiben davon unberührt.

5. Für die Rechtseinräumungen nach Absatz 2 bis 4 gelten folgende Beschränkungen:
   a) Soweit der Verlag selbst die Nebenrechte gemäß Absatz 2 und 3 ausübt, gelten für die Ermittlung des Honorars die Bestimmungen über das Absatzhonorar nach § 4 anstelle der Bestimmungen für die Verwertung von Nebenrechten. Enthält § 4 für das jeweilige Nebenrecht keine Vergütungsregelung, so ist eine solche nachträglich zu vereinbaren.

b) Der Verlag darf das ihm nach Absatz 2 bis 4 eingeräumte Vergaberecht nicht ohne Zustimmung des Autors abtreten. Dies gilt nicht gegenüber ausländischen Lizenznehmern für die Einräumung von Sublizenzen in ihrem Sprachgebiet sowie für die branchenübliche Sicherungsabtretung von Verfilmungsrechten zur Produktionsfinanzierung.

c) Das Recht zur Vergabe von Nebenrechten nach Absatz 2 bis 4 endet mit der Beendigung des Hauptrechts gemäß Absatz 1; der Bestand bereits abgeschlossener Lizenz-Normverträge bleibt hiervon unberührt.

d) Ist der Verlag berechtigt, das Werk zu bearbeiten oder bearbeiten zu lassen, so hat er Beeinträchtigungen des Werkes zu unterlassen, die geistige und persönliche Rechte des Autors am Werk zu gefährden geeignet sind. Im Falle einer Vergabe von Lizenzen zur Ausübung der Nebenrechte gemäß Absatz 2 und Absatz 3 wird der Verlag darauf hinwirken, dass der Autor vor Beginn einer entsprechenden Bearbeitung des Werkes vom Lizenznehmer gehört wird. Möchte der Verlag einzelne Nebenrechte selbst ausüben, so hat er den Autor anzuhören und ihm bei persönlicher und fachlicher Eignung die entsprechende Bearbeitung des Werkes anzubieten, bevor damit Dritte beauftragt werden.

§ 3 Verlagspflicht

1. Das Werk wird zunächst als _____ -Ausgabe (z.B. Hardcover, Paperback, Taschenbuch, CD-ROM) erscheinen; nachträgliche Änderungen der Form der Erstausgabe bedürfen des Einvernehmens mit dem Autor.

2. Der Verlag ist verpflichtet, das Werk in der in Absatz 1 genannten Form zu vervielfältigen, zu verbreiten und dafür angemessen zu werben.

3. Ausstattung, Buchumschlag, Auflagenhöhe, Auslieferungstermin, Ladenpreis und Werbemaßnahmen werden vom Verlag nach pflichtgemäßem Ermessen unter Berücksichtigung des Vertragszwecks sowie der im Verlagsbuchhandel für Ausgaben dieser Art herrschenden Übung bestimmt.

4. Das Recht des Verlags zur Bestimmung des Ladenpreises nach pflichtgemäßem Ermessen schließt auch dessen spätere Herauf- oder Herabsetzung ein. Vor Herabsetzung des Ladenpreises wird der Autor benachrichtigt.

5. Als Erscheinungstermin ist vorgesehen: _____ Eine Änderung des Erscheinungstermins erfolgt in Absprache mit dem Autor.

§ 4 Absatzhonorar für Verlagsausgaben

1. Der Autor erhält für jedes verkaufte und bezahlte Exemplar ein Honorar auf der Basis des um die darin enthaltene Mehrwertsteuer verminderten Ladenverkaufspreises (Nettoladenverkaufspreis).
   oder:
   Der Autor erhält für jedes verkaufte und bezahlte Exemplar ein Honorar auf der Basis des um die darin enthaltene Mehrwertsteuer verminderten Verlagsabgabepreises (Nettoverlagsabgabepreis). In diesem Falle ist bei der Vereinbarung des Honorarsatzes die im Vergleich zum Nettoladenverkaufspreis geringere Bemessungsgrundlage zu berücksichtigen.

oder:

Der Autor erhält ein Honorar auf der Basis des mit der Verlagsausgabe des Werkes erzielten, um die Mehrwertsteuer verminderten Umsatzes (Nettoumsatzbeteiligung). Dabei hat der Autor Anspruch auf Ausweis der verkauften Exemplare einschließlich der Partie- und Portoersatzstücke, für die dann Absatz 5 nicht gilt. In diesem Falle ist bei der Vereinbarung des Honorarsatzes die im Vergleich zum Nettoladenverkaufspreis geringere Bemessungsgrundlage zu berücksichtigen.

2. Das Honorar für die verschiedenen Arten von Ausgaben (z.B. Hardcover, Taschenbuch usw) beträgt für

a) _____-Ausgaben _____% vom Preis gemäß Absatz 1.

Es erhöht sich nach dem Absatz des Werkes

von _____bis _____ Exemplaren auf _____%;

von _____bis _____ Exemplaren auf _____%;

ab _____ Exemplaren auf _____%.

b) _____-Ausgaben _____% vom Preis gemäß Absatz 1.

Es erhöht sich nach dem Absatz des Werkes

von _____bis _____ Exemplaren auf _____%;

von _____bis _____ Exemplaren auf _____%;

ab _____ Exemplaren auf _____%.

c) _____-Ausgaben _____% vom Preis gemäß Absatz 1.

Es erhöht sich nach dem Absatz des Werkes

von _____bis _____ Exemplaren auf _____ %;

von _____bis _____ Exemplaren auf _____ %;

ab _____ Exemplaren auf _____%.

d) Für Verlagserzeugnisse, die nicht der Preisbindung unterliegen (z.B. Hörbücher), erhält der Autor für jedes verkaufte und bezahlte Exemplar ein Honorar auf der Basis des um die darin enthaltene Mehrwertsteuer verminderten Verlagsabgabepreises (Nettoverlagsabgabepreis), und zwar für _____-Ausgaben .....% vom Nettoverlagsabgabepreis. Es erhöht sich nach dem Absatz des Werkes

von _____ bis _____ Exemplaren auf _____%;

von _____ bis _____ Exemplaren auf _____%;
ab _____ Exemplaren auf _____%.

e) Beim Verkauf von Rohbögen der Originalausgabe außerhalb von Nebenrechtseinräumungen gilt ein Honorarsatz von ....% vom Verlagsabgabepreis.

3. Auf seine Honoraransprüche – einschließlich der Ansprüche aus § 5 – erhält der Autor einen Vorschuss in Höhe von EURO _____ Dieser Vorschuss ist fällig

   zu _____ % bei Abschluss des Vertrages,

   zu _____ % bei Ablieferung des Manuskripts gemäß § 1 Absatz 1 und § 6 Absatz 1,

   zu _____ % bei Erscheinen des Werkes, spätestens am _____.

4. Der Vorschuss gemäß Absatz 3 stellt ein garantiertes Mindesthonorar für dieses Werk dar. Er ist nicht rückzahlbar, jedoch mit allen Ansprüchen des Autors aus diesem Vertrag verrechenbar.

5. Pflicht-, Prüf-, Werbe- und Besprechungsexemplare sind honorarfrei; darunter fallen nicht Partie- und Portoersatzstücke sowie solche Exemplare, die für Werbezwecke des Verlages, nicht aber des Buches abgegeben werden.

6. Ist der Autor mehrwertsteuerpflichtig, zahlt der Verlag die auf die Honorarbeträge anfallende gesetzliche Mehrwertsteuer zusätzlich.

7. Honorarabrechnung und Zahlung erfolgen halbjährlich zum 30. Juni und zum 31. Dezember innerhalb der auf den Stichtag folgenden 3 Monate.
   oder:
   Honorarabrechnung und Zahlung erfolgen zum 31. Dezember jedes Jahres innerhalb der auf den Stichtag folgenden drei Monate. Der Verlag leistet dem Autor entsprechende Abschlagszahlungen, sobald er Guthaben von mehr als EURO _____ feststellt. Honorare auf im Abrechnungszeitraum remittierte Exemplare werden vom Guthaben abgezogen.

8. Der Verlag ist verpflichtet einem vom Autor beauftragten Wirtschaftsprüfer, Steuerberater oder vereidigten Buchsachverständigen zur Überprüfung der Honorarabrechnungen Einsicht in die Bücher und Unterlagen zu gewähren. Die hierdurch anfallenden Kosten trägt der Verlag, wenn sich die Abrechnungen als fehlerhaft erweisen.

9. Nach dem Tode des Autors bestehen die Verpflichtungen des Verlags nach Absatz 1 bis 8 gegenüber den durch Erbschein ausgewiesenen Erben, die bei einer Mehrzahl von Erben einen gemeinsamen Bevollmächtigten zu benennen haben.

§ 5 Nebenrechtsverwertung

1. Der Verlag ist verpflichtet sich intensiv um die Verwertung der ihm eingeräumten Nebenrechte innerhalb der für das jeweilige Nebenrecht unter Berücksichtigung von Art und Absatz der Originalausgabe angemessenen Frist zu bemühen und den Autor auf Verlangen zu informieren. Bei mehreren sich untereinander ausschließenden Verwertungsmöglichkeiten wird er die für den Autor materiell und ideell möglichst günstige wählen, auch wenn er selbst bei dieser Nebenrechtsverwertung konkurriert. Der Verlag unterrichtet den Autor unaufgefordert über erfolgte Verwertungen und deren Bedingungen.

2. Verletzt der Verlag seine Verpflichtungen gemäß Absatz 1, so kann der Autor die hiervon betroffenen Nebenrechte - auch einzeln - nach den Regeln des § 41 UrhG zurückrufen; der Bestand des Vertrages im übrigen wird hiervon nicht berührt.

3. Der aus der Verwertung der Nebenrechte erzielte Erlös wird zwischen Autor und Verlag geteilt, und zwar erhält der Autor _____% bei den Nebenrechten des § 2 Absatz 2; _____% bei den Nebenrechten des § 2 Absatz 3; (Bei der Berechnung des Erlöses wird davon ausgegangen, dass in der Regel etwaige aus der Inlandsverwertung anfallende Agenturprovisionen und ähnliche Nebenkosten allein auf den Verlagsanteil zu verrechnen, für Auslandsverwertung anfallende Nebenkosten vom Gesamterlös vor Aufteilung abzuziehen sind.) Soweit Nebenrechte durch Verwertungsgesellschaften wahrgenommen werden, richten sich die Anteile von Verlag und Autor nach deren satzungsgemäßen Bestimmungen.

4. Für Abrechnung und Fälligkeit gelten die Bestimmungen von § 4 Absatz 7, 8 und 9 entsprechend.

5. Die Vergabe von Lizenzen an gemeinnützige Blindenselbsthilfeorganisationen für Ausgaben, die ausschließlich für Blinde und Sehbehinderte bestimmt sind (Druckausgaben in Punktschrift Tonträgerausgaben mit akustischen Benutzungsanweisungen und entsprechende Ausgaben auf Datenträgern), darf vergütungsfrei erfolgen.

§ 6 Manuskriptablieferung

1. Der Autor verpflichtet sich, dem Verlag bis spätestens _____ /binnen _____ das vollständige und vervielfältigungsfähige Manuskript gemäß § 1 Absatz 1 (einschließlich etwa vorgesehener und vom Autor zu beschaffender Bildvorlagen) mit Maschine geschrieben oder in folgender Form zu übergeben: _____ Wird diese(r) Termin/Frist nicht eingehalten, gilt als angemessene Nachfrist im Sinne des § 30 Verlagsgesetz ein Zeitraum von _____ Monaten.

2. Der Autor behält eine Kopie des Manuskripts bei sich.

3. Das Manuskript bleibt Eigentum des Autors und ist ihm vom Verlag nach Erscheinen des Buches zurückzugeben.
   Erfolgt die Manuskriptabgabe in elektronischer Form, so ist ein entsprechender Papierausdruck beizufügen.

§ 7 Freiexemplare

1. Der Autor erhält für seinen eigenen Bedarf _____Freiexemplare. Bei der Herstellung von mehr als _____Exemplaren erhält der Autor_____nweitere Freiexemplare und bei der Herstellung von mehr als _____Exemplaren weitere _____ Freiexemplare.

2. Darüber hinaus kann der Autor Exemplare seines Werkes zu einem Höchstrabatt von _____% vom Ladenpreis vom Verlag beziehen.

3. Sämtliche gemäß Absatz 1 oder 2 übernommenen Exemplare dürfen nicht weiter verkauft werden.

§ 8 Satz, Korrektur

1. Die erste Korrektur des Satzes wird vom Verlag oder von der Druckerei vorgenommen. Der Verlag ist sodann verpflichtet, dem Autor in allen Teilen gut lesbare Abzüge zu übersenden, die der Autor unverzüglich honorarfrei korrigiert und mit dem Vermerk „druckfertig" versieht; durch diesen Vermerk werden auch etwaige Abweichungen vom Manuskript genehmigt. Abzüge gelten auch dann als „druckfertig", wenn sich der Autor nicht innerhalb angemessener Frist nach Erhalt zu ihnen erklärt hat.

2. Nimmt der Autor Änderungen im fertigen Satz vor, so hat er die dadurch entstehenden Mehrkosten - berechnet nach dem Selbstkostenpreis des Verlages - insoweit zu tragen, als sie 10 % der Satzkosten übersteigen. Dies gilt nicht für Änderungen bei Sachbüchern, die durch Entwicklungen der Fakten nach Ablieferung des Manuskripts erforderlich geworden sind.

§ 9 Lieferbarkeit, veränderte Neuauflagen

1. Wenn die Verlagsausgabe des Werkes vergriffen ist und nicht mehr angeboten und ausgeliefert wird, ist der Autor zu benachrichtigen. Der Autor ist dann berechtigt, den Verlag schriftlich aufzufordern, sich spätestens innerhalb von 3 Monaten nach Eingang der Aufforderung zu verpflichten, innerhalb einer Frist von _____ Monat(en)/Jahr(en) nach Ablauf der Dreimonatsfrist eine ausreichende Anzahl weiterer Exemplare des Werkes herzustellen und zu verbreiten. Geht der Verlag eine solche Verpflichtung nicht fristgerecht ein oder wird die Neuherstellungsfrist nicht gewahrt, ist der Autor berechtigt, durch schriftliche Erklärung von diesem Verlagsvertrag zurückzutreten. Bei Verschulden des Verlages kann er statt dessen Schadensersatz wegen Nichterfüllung verlangen. Der Verlag bleibt im Falle des Rückrufs zum Verkauf der ihm danach (z.B. aus Remissionen) noch zufließenden Restexemplare innerhalb einer Frist von _____ berechtigt; er ist verpflichtet, dem Autor die Anzahl dieser Exemplare anzugeben und ihm die Übernahme anzubieten.

2. Der Autor ist berechtigt und, wenn es der Charakter des Werkes (z.B. eines Sachbuchs) erfordert, auch verpflichtet, das Werk für weitere Auflagen zu überarbeiten; wesentliche Veränderungen von Art und Umfang des Werkes bedürfen der Zustimmung des Verlages. Ist der Autor zu der Bearbeitung nicht bereit oder nicht in der Lage oder liefert er die Überarbeitung nicht innerhalb einer angemessenen Frist nach Aufforderung durch den Verlag ab, so ist der Verlag zur Bestellung eines anderen Bearbeiters berechtigt. Wesentliche Änderungen des Charakters des Werkes bedürfen dann der Zustimmung des Autors.

§ 10 Verramschung, Makulierung

1. Der Verlag kann das Werk verramschen, wenn der Verkauf in zwei aufeinander folgenden Normvertrag Kalenderjahren unter _____Exemplaren pro Jahr gelegen hat. Am Erlös ist der Autor in Höhe seines sich aus § 4 Absatz 2 ergebenden Grundhonorarprozentsatzes beteiligt.

2. Erweist sich auch ein Absatz zum Ramschpreis als nicht durchführbar, kann der Verlag die Restauflage makulieren.

3. Der Verlag ist verpflichtet den Autor vor einer beabsichtigten Verramschung bzw. Makulierung zu informieren. Der Autor hat das Recht, durch einseitige Erklärung die noch vorhandene Restauflage bei beabsichtigter Verramschung zum Ramschpreis abzüglich des Prozentsatzes seiner Beteiligung und bei beabsichtigter Makulierung unentgeltlich - ganz oder teilweise - ab Lager zu übernehmen. Bei beabsichtigter Verramschung kann das Übernahmerecht nur bezüglich der gesamten noch vorhandenen Restauflage ausgeübt werden.

4. Das Recht des Autors, im Falle der Verramschung oder Makulierung vom Vertrag zurückzutreten, richtet sich nach den §§ 32, 30 Verlagsgesetz.

§ 11 Rezensionen

Der Verlag wird bei ihm eingehende Rezensionen des Werkes innerhalb des ersten Jahres nach Ersterscheinen umgehend, danach in angemessenen Zeitabständen dem Autor zur Kenntnis bringen.

§ 12 Urheberbenennung, Copyright-Vermerk

1. Der Verlag ist verpflichtet, den Autor in angemessener Weise als Urheber des Werkes auszuweisen.

2. Der Verlag ist verpflichtet bei der Veröffentlichung des Werkes den Copyright-Vermerk im Sinne des Welturheberrechtsabkommens anzubringen.

§ 13 Änderungen der Eigentums- und Programmstrukturen des Verlags

1. Der Verlag ist verpflichtet, dem Autor anzuzeigen, wenn sich in seinen Eigentums- oder Beteiligungsverhältnissen eine wesentliche Veränderung ergibt. Eine Veränderung ist wesentlich, wenn
   a) der Verlag oder Verlagsteile veräußert werden;
   b) sich in den Beteiligungsverhältnissen einer den Verlag betreibenden Gesellschaft gegenüber denen zum Zeitpunkt dieses Vertragsabschlusses Veränderungen um mindestens 25 % der Kapital- oder Stimmrechtsanteile ergeben. Wird eine Beteiligung an der den Verlag betreibenden Gesellschaft von einer anderen Gesellschaft gehalten, gelten Veränderungen in deren Kapital- oder Stimmrechtsverhältnissen als solche des Verlages. Der Prozentsatz der Veränderungen ist entsprechend der Beteiligung dieser Gesellschaft an der Verlagsgesellschaft umzurechnen.

2. Der Autor ist berechtigt, durch schriftliche Erklärung gegenüber dem Verlag von etwa bestehenden Optionen oder von Verlagsverträgen über Werke, deren Herstellung der Verlag noch nicht begonnen hat, zurückzutreten, wenn sich durch eine Veränderung gemäß Absatz 1 oder durch Änderung der über das Verlagsprogramm entscheidenden Verlagsleitung eine so grundsätzliche Veränderung des Verlagsprogramms in seiner Struktur und Tendenz ergibt, dass dem Autor nach der Art seines Werkes und unter Berücksichtigung des bei Abschluss dieses Vertrages bestehenden Verlagsprogramms ein Festhalten am Vertrag nicht zugemutet werden kann.

4. Das Rücktrittsrecht kann nur innerhalb eines Jahres nach Zugang der Anzeige des Verlages gemäß Absatz 1 ausgeübt werden.

§ 14 Schlussbestimmungen

1. Soweit dieser Vertrag keine Regelungen enthält, gelten die allgemeinen gesetzlichen Bestimmungen des Rechts der Bundesrepublik Deutschland und der Europäischen Union. Die Nichtigkeit oder Unwirksamkeit einzelner Bestimmungen die ses Vertrages berührt die Gültigkeit der übrigen Bestimmungen nicht. Die Parteien sind alsdann verpflichtet, die mangelhafte Bestimmung durch eine solche zu ersetzen, deren wirtschaftlicher und juristischer Sinn dem der mangelhaften Bestimmung möglichst nahe kommt.

2. Die Parteien erklären, Mitglieder bzw. Wahrnehmungsberechtigte folgender Verwertungsgesellschaften zu sein:

Der Autor: _____   den _____

Der Verlag: _____   den _____

3. Im Rahmen von Mandatsverträgen hat der Autor bereits folgende Rechte an Verwertungsgesellschaften übertragen:

_____ an die VG: _____

_____ an die VG: _____

_____ an die VG: _____

➤ Honorare

Üblich ist, dass der Autor am Erfolg des Buchs beteiligt wird. Die vereinbarten Prozente beziehen sich meist auf den Nettoladenverkaufspreis, das heißt, den Ladenpreis minus Umsatzsteuer.

Von einem Pauschalhonorar ist abzuraten, Sie erhalten als Autor einen bestimmten Betrag, egal, wie oft sich das Buch verkauft. Wird es ein Erfolg, verkauft es sich also jahrelang, erhalten Sie kein weiteres Honorar.

Für ein Kinderbuch erhält der Autor 7 bis 9 % des Nettoladenverkaufspreises, manchmal muss man sich auch mit 5 % zufrieden geben. Meist richtet sich das Honorar nach dem Illustrationsanteil. Bietet ein Verlag 10 % für Autor und Illustrator gemeinsam, werden die je nach Illustrationsanteil aufgeteilt. Bei einem Bilderbuch wird der Illustrator mehr bekommen, bei einem Kinderroman der Autor.

In jedem Falle aber sollte es einen garantierten Vorschuss aufs Honorar geben, der mit dem Honorar aus der verkauften Auflage verrechnet wird und nicht rückzahlbar ist. Gezahlt wird dieser Vorschuss entweder

> zu gleichen Teilen bei Vertragsabschluss und bei Manuskriptabgabe oder
> in Teilbeträgen bei Vertragsabschluss, Manuskriptabgabe und Erscheinen des Buches oder
> zu gleichen Teilen bei Manuskriptabgabe und Erscheinen des Buches.

➤ VG Wort, KSK

Um alle Rechte von Autoren, die Autoren selbst nicht individuell wahrnehmen können, kümmert sich die VG Wort, Verwertungsgesellschaft Wort (Adresse im Anhang). Da zwar überall auf Geschriebenes zurückgegriffen wird – zum Beispiel im Hörfunk, im Fernsehen, durch das Ausleihen von Büchern in Bibliotheken, durch das Kopieren von Texten – aber kein Autor in der Lage ist, dies für seine Werke genauestens zu überwachen, fließen Gelder für all diese Verwertungen in die VG Wort. Von ihr aus erhalten Autoren einen entsprechenden Anteil.

Eines habe ich selbst nie vergessen. In dem ersten Seminar, an dem ich teilnahm, gab man uns mit auf den Kinderbuchautorenweg:

Der einzige Vertrag, der unbesehen, ungelesen, ohne Sorge unterschrieben werden darf, ja sollte – obwohl er alles andere als leicht verständlich ist – ist der Vertrag mit der VG Wort.

Als eine der ersten Amtshandlungen nach dem Seminar schloss ich zu Hause deshalb den Wahrnehmungsvertrag mit der VG Wort ab, was mir schon zu etlichen zusätzlichen Schecks verholfen hat.

Wenn Sie Einnahmen aus künstlerischer Tätigkeit haben, sind Sie in der Künstlersozialkasse (KSK) pflichtversichert. Diese KSK (Adresse im Anhang) ist selbst keine Versicherung, sondern sie sammelt und verteilt Versicherungsbeiträge. Die Versicherten zahlen einen Beitrag zur gesetzlichen Kranken-, Pflege- und Rentenversicherung an die KSK. Der Arbeitgeberanteil wird von den Verwertern, also in erster Linie den Verlagen und Rundfunkanstalten, an die KSK gezahlt. Der Bund leistet einen Zuschuss. Ähnlich wie Arbeitnehmer erhalten selbstständige Künstler und Publizisten also eine Art Arbeitgeberanteil zur Sozialversicherung.

TIPP

> Vergleichen Sie Verlagsverträge, die man Ihnen anbietet, mit dem Normvertrag.
> Wenn Sie mit dem angebotenen Honorar nicht zufrieden sind: Kämpfen Sie zur Not um Geld, aber gefährden Sie nicht ein Ihnen wichtiges Projekt durch Feilschen.
> Schließen Sie einen Vertrag mit der VG Wort ab.
> Prüfen Sie, ob Sie der KSK beitreten können oder müssen.

Der Weg des angenommenen Manuskripts

Wenn der Verlag nun mit Ihnen ein Buch verwirklichen möchte, ist die Arbeit selbstverständlich noch nicht abgeschlossen. Der Lektor wird Ihr Manuskript nun lektorieren, das heißt, er wird es in erster Linie auf inhaltliche und sprachliche Schwächen hin abklopfen. Manche Verlage reichen angenommene Manuskripte übrigens auch an Außenlektoren weiter, die – meist von zu Hause aus – freiberuflich arbeiten. Normalerweise gibt es nach der Lektorenarbeit erst einmal wieder Arbeit für Sie. Sie werden vielleicht nicht auf alle Einwände eingehen, Sie werden sich vielleicht nicht aller Kritik beugen, aber Sie werden sich – wenn Sie klug sind – auch nicht allem verschließen. Irgendwann müsste – in einem steten Hin und Her – das Manuskript fertig sein. Auf Rechtschreib-, Satzzeichen-, Druckfehler hin wird es meist von einem speziellen Korrektor durchgesehen. Übrigens sollte nicht zuviel Nachbereitung nötig sein, um Ihr Manuskript druckreif zu machen.

Während Sie vielleicht gerade mit der Überarbeitung beschäftigt sind, wird der Lektor Kontakt mit der Abteilung »Herstellung« aufnehmen. Diese Herstellung macht sich Gedanken, wie viele Seiten, wie viele Illustrationen, welche Ausstattung, welchen Umschlag Ihr Buch bekommen wird, sie holt verschiedene Angebote von Druckereien ein, sie kalkuliert die Kosten.

In einer eigenen Titelkonferenz wird über den Titel eines Buchs entschieden. Als Autor haben Sie sich dazu selbstverständlich Ihre Gedanken gemacht. Ob der Verlag allerdings auf Ihre Vorschläge eingeht, ist eine andere Frage. Der Titel soll vor allem zum Kauf des Buchs verlocken.

Neben den bereits angesprochenen Stationen eines Verlags

sind da noch die Abteilungen Werbung, Presse und Vertrieb, die sich allesamt darum bemühen, Ihrem Buch zu einem guten Start zu verhelfen.

➤ Wie sieht die Arbeit in einem Verlag aus?

Einer der Kontakte auf der Kinderbuchmesse in Bologna entwickelte sich vielversprechend. Ich hatte nämlich zu Hause ein ganz neues Bilderbuchprojekt entwickelt, zu welchem die junge Illustratorin einige Entwürfe gefertigt hatte. Ich nahm sie mit nach Bologna, und siehe da, bei einem Verlag, der einen guten Ruf genoss, gelang es mir, Aufmerksamkeit zu erregen. Doch, meinte die Lektorin, sowohl meine Idee als auch die Probeillustrationen sagten ihr sehr zu. Allerdings sei es bei all der Messehektik nicht möglich, sich ein differenziertes Bild zu machen, ich solle ihr deshalb meine Unterlagen in den Verlag schicken.

Was ich selbstverständlich tat. Worauf ich innerhalb weniger Tage Antwort bekam: Auch ohne Messehektik, durfte ich lesen, sehe die Lektorin ein viel versprechendes Bilderbuch vor sich. Ehe es aber in die nächste Phase gehe, müsse die Meinung der Kollegen eingeholt werden. Sobald dies geschehen sei, würde sie mir Bescheid geben.

Wieder einmal fand ich mich auf Wolke Sieben ein.

Wenn ich damals schon gewusst hätte, wie es in den Verlagen zugeht, wäre ich nicht so siegessicher und euphorisch gewesen. Ich dachte einfach: Wenn eine Lektorin so begeistert ist, dann kann doch eigentlich nichts mehr schief gehen.

Ich wusste aber nichts über das Innenleben der Verlage. Ich wusste nicht, dass in den allermeisten Fällen kein Lektor allein über die Annahme von Manuskripten bestimmen kann. Ich wusste auch nicht, dass das Manuskript selbst dann noch weit entfernt von einer Annahme ist, wenn es schon bei einigen Lektoren Gnade gefunden hat.

Nach meinen Erfahrungen in all den Jahren als Autorin wird ein Lektor kaum das Risiko eingehen, ein Manuskript anzunehmen, nur weil es ihm persönlich gefällt. Er wird zunächst einmal im Kollegenkreis die Meinung der anderen einholen. Wenn ein oder mehrere erfahrene Kollegen die Nase rümpfen, wird er sich aller Wahrscheinlichkeit nach schon nicht mehr so sicher sein, dass er das Buch mit Ihnen machen möchte. Immerhin geht er ja ein großes Risiko ein. Wenn das Buch, das er unbedingt machen wollte, ein Misserfolg wird, wird dies in gewissem Maß auch sein Misserfolg sein.

In vielen Verlagen finden immer wieder so genannte Lektoratskonferenzen statt, bei denen unter anderem auch neue Projekte vorgestellt und kritisch besprochen werden.

Mir selbst ist es schon passiert, dass ein Buchprojekt genau an dieser Hürde scheiterte. Die zuständige Lektorin, eine sehr erfahrene Frau, hatte mir bestätigt, dass es auf dem Markt großen Bedarf für das von mir vorgeschlagene Thema gebe, und sie hatte sich äußerst angetan über meine Idee und deren Ausführung gezeigt. Die Lektoratskonferenz hatte dies ganz anders gesehen. Die Lektorin hatte sich mit ihren Argumenten nicht durchsetzen können, es kam nicht zum Vertrag.

In manchen Verlagen ist auch der Programm- oder sogar Verlagsleiter an der Entscheidung beteiligt. Wenn nun aber die Kollegen in der Lektoratskonferenz und der Vorgesetzte sein Okay gegeben haben, muss dies noch immer nicht heißen, dass das Manuskript zum Buch wird.

➤ Die Vertreterkonferenz

Ein anderes magisches Wort taucht nun auf, bedrohlich, wie ich aus meiner heutigen Erfahrung sagen muss: die Vertreterkonferenz. Wenn früher dieses Wort fiel, hatte ich so gar nicht das Gefühl von persönlicher Betroffenheit. Heute schon. Heute bekomme ich das große Schlottern. Tatsächlich ist es mir nämlich auch schon passiert, dass ein Projekt in dieser Institution durchfiel.

Zwar wusste ich damals natürlich, dass Bücher nicht von selbst ihren Weg in die Buchhandlungen finden. Ich wusste also auch, dass es Verlagsvertreter gibt, die die Neuerscheinungen des Verlags den Buchhandlungen vorstellen. Was ich nicht wusste: Jedes Jahr zweimal, nämlich vor den Frühjahrs- und vor den Herbstneuerscheinungen, treffen Vertreter und Lektoren aufeinander. Die Aufgabe der Lektoren ist es nun, den Vertretern ihre Neuerscheinungen vorzustellen und schmackhaft zu machen. Die Aufgabe der Vertreter ist es, diese Neuerscheinungen kritisch beurteilen. Und zwar nicht kritisch in Bezug auf ihre literarischen Qualitäten, ihre Originalität oder kritisch in Bezug auf das nette junge Genie, das hinter einer dieser Neuerscheinungen steht, nein, kritisch einzig und alleine in Bezug auf die Markttauglichkeit, auf die Verkaufschancen also.

Wenn die Vertreter der Meinung sind, ein bestimmtes Buch lasse sich nicht verkaufen, weil
- das Thema zu ausgefallen ist,
- Bücher mit ähnlichem Thema oder Titel sich in jüngster Zeit zunehmend als Ladenhüter erwiesen haben,
- das Buch zu teuer ist,
- der Autor zu unbekannt ist,

kurz, wenn die Vertreter versichern, dass sie das Heer der Buchhändler nie und nimmer zur Bestellung dieses neuen Buchs bewegen werden können, dann ist dies mit großer Wahrscheinlichkeit das Aus für das neue Buch. Das Risiko, ein Buch gegen das Veto der Vertriebsorganisation ins Rennen zu schicken, wird normalerweise nicht eingegangen. Und da hilft weder ein Vertrag noch ein fertiges Manuskript.

Damit dieser Fall aber nach Möglichkeit nicht eintritt, damit also ein vertraglich abgesichertes, fertiges Buch nicht kurz vor seinem Weg in die Buchhandlungen rüde verstoßen wird, versuchen Lektoren die Argumente der Vertreter vorweg zu nehmen, ein Buch quasi mit den Augen eines Leid geprüften Buchvertreters zu sehen.
- Was könnte dieser dagegen einwenden?
- Welch negative Erfahrungen könnte er mit diesem Thema schon gemacht haben?
- Hat er nicht kürzlich erst erzählt, dass gerade dieser Aspekt in einem Kinderbuch nie vorkommen dürfe?
- Hat er nicht davon gesprochen, dass gerade in dieser Art ein Titel nie formuliert sein dürfe?

Und diese Argumente werden dann berücksichtigt!

Im Laufe der Jahre akzeptieren auch Autoren dieses Korrektiv »Vertreterkonferenz«. Zu oft haben sie von Verlagsseite schon zu hören bekommen, dass dies und jenes nicht »gehe«, sich nicht verkaufen lasse. Wenn Autoren dies tun, nämlich die Verkaufsargumente zumindest zulassen, dann ist dies keine Anbiederung an den Massengeschmack, sondern reine Überlebensstrategie. Denn was sie wollen, wenn sie ehrlich sind, ist ebenfalls – verkaufen. Wer davon spricht, ein Buch nur auf den Markt bringen, es aber nicht verkaufen zu wollen, der macht sich vermutlich selbst etwas vor.

Natürlich ist es nicht nötig, dass jedes Buch zum Bestseller wird – obwohl der Autor erst gefunden werden muss, der bei der Vorstellung, einen Bestseller verfasst zu haben, ins Lamentieren gerät. Natürlich kann und soll man sich nicht so an den Markt anpassen, dass nur noch Bücher mit Verkaufszahlen von einigen zigtausend ein Lebensrecht zugesprochen bekommen. Ganz abgesehen davon, dass nie vorhersehbar ist, was in der kommenden Saison zum Verkaufsschlager werden wird.

Aber, um es noch einmal zu sagen, wenn im Vorhinein der Verkaufsmisserfolg nach Kräften ausgeschlossen wird, dann kommt dies beiden zugute, Verlag und Autor.

TIPP

Versetzen Sie sich in die Rolle eines Vertreters und fragen Sie sich:

> Warum wollen Sie gerade dieses Buch machen?
> Was erhoffen Sie sich von dieser Thematik?
> Warum könnten Jungen und Mädchen Lust haben, dies zu lesen?
> Warum könnten Buchhändler dieses Buch ihren Kunden zum Kauf empfehlen?

➢ Programmänderungen im Verlag

Ich wartete äußerst zuversichtlich auf die Zusage zu dem in Bologna initiierten Bilderbuchprojekt. Nur wenige Tage vergingen, bis wieder Post kam. Ach ja, da hatten sich die Kollegen wohl sehr schnell ein Bild gemacht! Lächelnd öffnete ich das Kuvert. Und erstarrte. Denn ein Wort sprang mich förmlich an: »Schade.« Ungläubigen Blickes las ich den Brief von Anfang an und erfuhr von einer völlig neuen Linie, die der Verlag jetzt einzuschlagen beschlossen habe und in die meine Geschichte nun leider gar nicht passe. Es folgte der Verweis auf einen anderen Verlag, in dessen Programm mein Manuskript passen könne.

Enttäuschung machte sich breit, bodenlose Enttäuschung.

Ganz abgesehen davon, aus welchen Gründen man ein Projekt nicht mehr verwirklichen will:

Verlage ändern immer wieder mal Teile ihres Profils. Stellen eine Reihe ein, weiten die andere aus. Trennen sich von Segmenten, nehmen andere auf. Abhängig ist das meist davon, was die Vertreter melden und die Verkaufszahlen verraten.

Ich arbeitete weiter an den Geschichten, die mir der Lektor des anderen Verlags ans Herz gelegt hatte. Zwar hatte ich es recht befremdlich gefunden, dass er mich trotz all der schönen Worte und trotz der Einladung auf der Kinderbuchmesse keines Blickes gewürdigt hatte. Aber ich nahm es nicht persönlich. Weil ich selbstverständlich weiter an meinen großen Erfolg glaubte. Doch es tat sich einfach nichts Konkretes. Ich verstand das alles nicht.

Nun ja, ich hatte ja meine zwei Süßen. Ich hatte meine Schreibgruppe, die sich aus jenem ersten Volkshochschulseminar entwickelt hatte, und die mir viel bedeutete. Und ich hatte einen kleinen Job: Zweimal die Woche Hausaufgabenbetreuung an meiner ehemaligen Schule!

Ich glaube, es war ganz gut, dass ich nicht vollkommen auf den erhofften schriftstellerischen Erfolg fixiert war. Andernfalls hätten sich bei mir nun nach so vielen Misserfolgen allmählich Lähmungserscheinungen breit gemacht. All meine anderen Freuden und Pflichten bewirkten dann aber glücklicherweise, dass ich nicht abwartete und zunehmend verzagte. Stattdessen führte ich mein ganz normales Lebens, fing wieder ein kleines bisschen an, erwerbstätig zu sein – und schrieb weiter.

TIPP

> Lassen Sie sich nicht lähmen vom Misserfolg.
> Fixieren Sie sich nicht zu sehr auf die Hoffnung, erfolgreicher Schriftsteller zu werden!

11

Chancen auf anderen Märkten

Was sich bei vielen Autoren, die ich kenne, als Vorteil erwiesen hat, ist das zweite Standbein, die zweite Schiene. Bei mir waren es Texte für Erwachsene, bei anderen war es die Arbeit für den Hörfunk, bei wieder anderen das literarische Übersetzen.

Was auch immer es ist, es bewirkt, dass sich ein Autor nicht ausgeliefert fühlt, dass er Misserfolge auf einem Gebiet besser ertragen kann, dass er auch finanziell nicht auf eine Einkommensquelle angewiesen ist.

Als ganz persönlicher Vorteil für mich hat sich auch erwiesen:

Wenn ich an einem aktuellen Kindertext gerade nicht weiterkam, dann wandte ich mich einem anderen Genre zu. Meistens lief die Arbeit dann hier wieder besonders gut. Und kaum hatte ich diese andere Art von Texten eine Weile geschrieben, war ich plötzlich wieder ganz wild auf meinen Kinderbuchtext.

➤ Zeitschriften

Von einem der Nachmittage meiner Hausaufgabebbetreuung – die Kinder wurden wechselweise von Frau Schneider und einer der beiden Omas betreut – brachte mein Ältester eine Kinderzeitschrift mit nach Hause. Während wir sie gemeinsam durchblätterten, hatte ich plötzlich eine Idee. Vielleicht böte solch eine Kinderzeitschrift ja eine Plattform für meine Geschichten?! Kurzerhand rief ich in der Redaktion an und stellte mich und mein Anliegen vor. Die Reaktion war niederschmetternd. Mit ernüchternder Ehrlichkeit ließ mich die Chefredakteurin wissen, Menschen, die aus dem Lehrberuf kämen und meinten, sie könnten für Kinder schreiben, gäbe es wie Sand am Meer. Schon viele meiner Art hätten sich bei ihr beworben und das Eingesandte sei für eine Veröffentlichung immer zu schlecht gewesen. An einer Zusendung meiner Manuskripte sei sie nicht interessiert.

Irgendwie ließ ich mich nicht sofort abwimmeln und irgendwie gelang es mir, sie wissen zu lassen, dass ich nicht nur für Kinder schrieb. In eingangs erwähntem Schreibkurs hatte ich nämlich kürzlich eine Art Glosse verfasst und war recht zufrieden damit gewesen. Dass ich aus dem engsten Verwandtenkreis, in dem ich ebendiese Geschichte zum Besten gegeben hatte, den aufmunternden Rat erhalten hatte, mich lieber wieder dem Töpfern zuzuwenden (dies war eines meiner Hobbys vor der Beurlaubung gewesen), konnte mich nicht beirren. Und so pries ich mich an als eine, die auch humorvolle Geschichten aus dem Mutterleben schrieb. Ja, hieß es da zu meiner Überraschung, das sei durchaus interessant. Man sei gerade dabei, die Kinderzeitschrift mit einem Innenteil für Eltern aufzupeppen. Ein fester Bestandteil dieses Elternheftes solle eine Mutter-/Vater-Kolumne mit wechselnden Autoren werden. Ich solle mal ein paar Texte schicken.

Wieder bewies sich der Vorteil von Telefonaten! Im Gespräch kann sich etwas anderes ergeben und man hat Gelegenheit zur Selbstdarstellung. Hätte ich nicht die Bemerkung mit den Mutter-Geschichten gemacht, hätte ich nicht gezeigt, dass ich mehr kann – woher hätte die Chefredakteurin es wissen sollen?

TIPP

In Abwandlung des PR-Grundsatzes:
> Schreiben Sie Gutes und reden Sie darüber!

Wohlweislich verschwieg ich, dass ich nicht ein paar Texte, sondern nur einen in der Schublade hatte und verfasste in den nächsten Tagen höchst motiviert keine Texte für, sondern über Kinder.

Ohne allzu große Hoffnung schickte ich sie los – um nach wenigen Tagen schon zu hören, die Texte seien alle gut, man wolle sie gerne veröffentlichen. Das Honorar betrage ....

Ich war verblüfft. Mein Mutterleben bot jede Menge Stoff!

Wenig später kam mir eine Elternzeitschrift in die Hände, die mir aus mehreren Gründen gefiel. Erstens schienen mir die Beiträge rund ums Erziehungsgeschehen sehr vernünftig, zweitens gefiel mir der Kinderteil und drittens widmete sich diese Zeitschrift der aktuellen Kinderliteratur.

Bereits nach wenigen Ausgaben wusste ich: Hier gibt es eine Rubrik mit Geschichten aus dem Elternleben. Und ich wusste: Hier werde ich es auch versuchen.

Ich stellte also wieder einmal telefonisch den Kontakt her, man bat mich, ein paar Proben zu schicken und erhielt schon wenige Tage später einen Anruf des Chefredakteurs. Meine Geschichten seien gerade auf seinem Schreibtisch gelandet und er finde sie schlichtweg gut. Er wolle sie alle haben. Das Honorar betrage ... und ob ich passende Fotos habe.

So einfach war das auf einmal.

Fortan produzierte ich Mutter-Glossen am laufenden Band, fand schließlich noch eine dritte Zeitschrift, die meine Geschichten drucken wollte und war zufrieden.

➤ Kinderrundfunk und Kinderfernsehen

Die Sache mit der Kinderliteratur aber ließ mich nicht los. Ich hatte ständig Ideen, produzierte lustig weiter, hatte aber wenig Erfolgserlebnisse. Kühn bombardierte ich auch Kinder-Rundfunk und Kinder-Fernsehen mit meinen Werken, doch die konnten sich nicht dafür begeistern.

Hier schoss ich eindeutig übers Ziel hinaus. Mir fehlte einfach noch das richtige Gefühl für die Qualität meiner Arbeit. Ich kannte eben aus dem Fernsehen ein paar gute Programme für Kinder und ich hatte eben ein paar – in meinen Augen – gute Geschichten für Kinder. Dass die Qualitätssendungen für Kinder nicht gerade darauf warten, von absoluten Newcomern beliefert zu werden, ist eigentlich verständlich. Aber damals stürzte ich mich einfach auf alles, was Hoffnung auf Veröffentlichung verhieß.

➤ Ausschreibungen

Dann tat sich etwas für mich Großartiges. Die Chefredakteurin, die mich mit meiner Kinderliteratur so entschieden abgelehnt hatte, sandte mir eine Kopie der folgenden Ausschreibung:

AutorInnen gesucht

Es werden AutorInnen gesucht, die Lust, Zeit und Interesse haben, beim Aufbau und bei der Profilierung des soeben gegründeten Kinder- und Jugendbuchverlags ... mitzuwirken.

Engagierte Autorinnen und Autoren, die sich durch das Verlagsprogramm ... angesprochen fühlen, wenden sich mit Manuskripten und/oder Ideen bitte an ...

Dies schien mir wie ein Wink des Himmels. Zum einen hielt mich die Redakteurin wohl doch nicht für so unbegabt, sonst hätte sie sich nicht die Mühe gemacht, mir die Ausschreibung zu senden. Zum anderen schien dieser junge Verlag ja förmlich auf mich zu warten. »Engagierte Autorinnen!« Und wie engagiert ich war!

Ich rief also zunächst einmal an und traf auf eine äußerst angenehme, kompetente Verlegerin. Es zeigte sich im Gespräch sehr schnell, dass das, was ich bisher produziert hatte, nicht so recht in ihr Programm passte, aber sie ermunterte mich, dennoch ein paar Textproben zu schicken. Der wenige Tage später eintreffende Antwortbrief verblüffte mich vollends. Diese engagierte Verlegerin hatte, das war unverkennbar, alle meine Texte gelesen und lieferte mir konkrete Ratschläge, warum und wie ich noch einiges verbessern könnte.

Verschiedenes war so besonders an diesem Antwortbrief: Er kam nach wenigen Tagen, war weit mehr als eine Absage, denn er enthielt konstruktive, fachkundige Kritik. Und das war ein Glücksfall!

Vermutlich war diese junge Verlagsgründerin tatsächlich noch nicht so überhäuft mit Arbeit wie eine in ihre Projekte eingebundene, fest angestellte Lektorin, aber dennoch hätte sie sich die Sache leichter machen können. Schließlich zeichnete sich für sie keinerlei Vorteil ab. Meine Geschichten passten nun mal nicht in ihr Verlagsprofil.

Obwohl auch diesmal nicht zu übersehen war, dass es sich um eine Absage handelte, fühlte ich mich regelrecht beglückt. Ich war mir ganz sicher, dass sich nun etwas zum Guten ändern würde. Den Kontakt zu dieser Verlegerin habe ich in den folgenden Jahren übrigens gehalten, und außer etlichen erfreulichen Gesprächen entwickelte sich für mich sehr viel später und unter veränderten Bedingungen daraus ein konkretes Buchprojekt.

➤ **Zurück zum Buch**

Ungefähr gleichzeitig erreichte mich durch eine »meiner« Zeitschriften die Kunde, dass ein namhafter Kinder- und Erwachsenenbuchverlag dringend Buchbeiträge zu einem aktuellen Thema suche.

Auch für dieses Buch wurde sofort akzeptiert, was ich mir aus Mutter-Sicht so von der Seele schrieb. Da sich der Kontakt mit der betreuenden Redakteurin sehr angenehm anließ, konnte ich es mir nicht verkneifen, bei einem unserer Abschlussgespräche auf meine Textproduktionen für Kinder hinzuweisen. Das sei nun eine ganz andere Sache, war die Antwort. Erstens sei da eine

Kollegin zuständig und zweitens seien die Chancen auf dem Kinderbuchmarkt sehr schlecht. Ich könne ihr aber gerne ein paar meiner Geschichten schicken, sie leite sie dann weiter. Natürlich schickte ich, natürlich rechnete ich mittlerweile nicht mehr allzu sehr mit Erfolg.

Doch dann erhielt ich einen Anruf: Diese Geschichten seien wesentlich besser, als sie gedacht habe und als das, was der Verlag an unaufgefordert eingesandten Manuskripten erhielte, sie hätten das Zeug zur Buchveröffentlichung, aber – es müsse noch dies und jenes abgesprochen, abgewartet und abgeklärt werden.

Wieder empfand ich, dass diese Antwort, die noch lange kein Erfolg war, ermutigend war. Was sich bei mir immer wieder zeigte und was wohl uneingeschränkt verallgemeinert werden darf:

Persönliche Kontakte sind wichtig!

Mehrmals schon hatten sie mich in der letzten Zeit weiter gebracht:

- Hätte ich nicht guten Kontakt zur Chefredakteurin der ersten Kinder-Eltern-Zeitschrift gehalten, hätte sie sich nicht die Mühe gemacht, mich auf die Verlagsgründungs-Ausschreibung hinzuweisen.

- Hätte ich nicht Kontakt zur Verlagsgründerin gehalten, wäre es nicht zu deren Ratschlägen und später zu einem Buch gekommen.

- Hätte ich nicht den Kontakt zu anderen Zeitschriften hergestellt, hätte mich die Kunde vom Buchprojekt, für das man Beiträge sucht, nicht erreicht.

- Hätte ich nicht guten Kontakt mit der das Buchprojekt betreuenden Redakteurin gehalten, wären meine Kindergeschichten nicht von ihr persönlich weitergeleitet worden, sondern im Stapel versunken.

Kontakte sind also unbestritten wichtig, aber nur manchmal »bringen« sie etwas, manchmal auch nicht, wie sich bei mir zum Beispiel im letzteren Fall später herausstellen sollte.

TIPP

> Betrachten Sie Kontakte in der Branche als etwas, das sie sind: Eine Möglichkeit zu weiteren Veröffentlichungen, aber nicht die Garantie dafür.

➢ Erfolge

Beflügelt durch ein Kinderbuchautorenseminar, schrieb ich eine neue größere Geschichte und schickte sie der erwähnten Verlagsgründerin zur Beurteilung. Sie zeigte sich außerordentlich angetan von meinem neuen Stil und ermunterte mich, die Hauptfigur der Geschichte zur Hauptfigur eines Kinderromans werden zu lassen. Ich beschloss, das Experiment zu wagen. Immerhin hatte ich bisher nur kurze Formen zustande gebracht.

Frau Schneider, die sich nach wie vor nicht nur meinen Kindern, sondern auch meiner »Karriere« widmete, schenkte mir eine hübsche kleine Keramik, um diesen Meilenstein »Kinderroman« in meiner Entwicklung gebührend zu markieren.

Inzwischen traf ein Päckchen bei mir ein: Die Belegexemplare des Gute-Nacht-Geschichten-Buches, über zwei Jahre nach Annahme meines Textes! Gerührt blätterte ich mich zu meiner Geschichte durch. Meine erste veröffentlichte und bebilderte Kindergeschichte! Und bebildert war sie gar nicht schlecht, wie ich fand. Ich hatte nämlich einen »eher schlichten« Stil befürchtet, so wie man ihn von gewissen Geschichtenbüchern kennt, und wurde angenehm überrascht.

Spontan rief ich im Verlag an, teilte meine Freude über das schöne Buch und die schönen Bilder mit und ließ die erfreute Lektorin wissen, dass ich auch der Urheberin der schönen Bilder gerne meine Freude mitteilen würde. Natürlich wusste ich nicht, wie die Illustratorin reagieren würde. Ich wusste auch nicht, wie renommiert sie war. Ob sie auch nur das leiseste Interesse an einem Kontakt zu einer noch immer unbekannten Möchtegern-Autorin verspürte.

Die Illustratorin freute sich über mein Lob und, wie sich herausstellte, fühlte auch sie sich noch am Anfang ihrer Illustratorenlaufbahn. Wir unterhielten uns lange und gut und beschlossen, den Kontakt zu halten. Später tauschten wir uns immer wieder aus, fassten gemeinsame Projekte ins Auge, sprachen uns Mut zu und freundeten uns an.

➢ Agenturen

Inzwischen tat sich etwas anderes. In einer regionalen Zeitung hatte ich einen Artikel über einen Erfolgsautor ganz in meiner Nähe gelesen, der sich sein Geld außer mit dem Schreiben von Büchern auch als Betreiber einer Medienagentur verdiente. Kurzerhand rief ich ihn an, schilderte ihm meinen bisherigen Werdegang und erfuhr von ihm nicht nur Ermunterung, sondern auch die erfreuliche Nachricht, dass er sich gerne für mich einsetzen werde. Geld sei erst fällig, wenn ein Vertragsabschluss zustande käme. Kein Risiko also.

Wie ich inzwischen weiß, ist gerade dies ein Kriterium bei der Auswahl einer Literaturagentur, nämlich dass erst bei erfolgter Vertragsvermittlung ein Erfolgshonorar fällig wird.

Davor steht natürlich die Überlegung, ob man überhaupt bereit ist, sich in die Hände einer Literaturagentur zu begeben. Immerhin möchte am Honorar Ihres Buchs einer mitverdienen, der keine Zeile des Buchs geschrieben hat.

Andererseits ist es für einen Autor, der noch am Anfang steht, außerordentlich schwierig, einen Auftrag überhaupt zu bekommen. Literaturagenturen aber wissen, was im Moment gefragt ist. Sie haben Einblick in die Bedürfnisse der Verlage und sie haben Kontakte.

Allerdings möchte ich nicht verschweigen, dass es nur wenige Agenturen gibt, die Kinder- und Jugendbuchautoren vertreten.

➤ Das erste eigene Buch

Ich sandte »meinem« Agenten einen Stapel Manuskripte, sowohl Erwachsenen- als auch Kinderliteratur. Kurz darauf teilte er mir mit, er habe zwar im Moment keine Verwendung für das Eingesandte, aber einen Verlag an der Hand, der heitere Geschenkbücher produziere. Heiter bis flapsig zu schreiben, hatte ich in meinen zahlreichen Mutter-Glossen zur Genüge geübt, und so fühlte ich mich angesprochen.

Nach einigem Hin und Her hatte ich den Auftrag für mein erstes eigenes Buch in der Tasche!

Heiteres Überlebenstraining für Tolpatsche war der Titel, und in dieses Projekt konnte ich meine Erfahrungen, auch auf Grund höchster persönlicher Qualifikation, einbringen. Ich musste keinen anderen Menschen zu Rate ziehen, um »über etwas zu schreiben, wovon man wirklich Ahnung hat«.

Mittlerweile stand die Frankfurter Buchmesse vor der Tür, und der kleine Verlag, für den ich dank Agent arbeiten durfte, lud mich ein, ihn dort zu besuchen.

Inzwischen hatte ich, dank einer Anregung meiner Nachbarin,

eine weitere Geschenkbuchidee geboren, die ich bei dem Messebesuch vorschlug. Tatsächlich ging man auch auf meinen zweiten Vorschlag ein, und so fuhr ich mit einem weiteren Auftrag in der Tasche nach Hause.

Für *Das Schnupftabakbuch* musste ich viel recherchieren und sogar herumreisen, aber das tat ich ausgesprochen gerne. Bald erschienen also zwei Bücher von mir, auf die ich – auch wenn es keine Kinderbücher waren – sehr stolz war.

Der kleine Verlag, in dem die Bücher erschienen, war natürlich nicht nur klein, sondern auch nicht besonders finanzstark. Außerdem musste ich dem Agenten ja einige Prozente abgeben. Dennoch habe ich diese beiden Projekte nie bereut, denn sie öffneten mir die Tür zu weiteren Projekten.

TIPP

> Greifen Sie zu, wenn Sie einen Auftrag bekommen, der Ihnen liegt.

> Greifen Sie auch dann zu, wenn Sie noch nicht mit dem Thema vertraut sind. Man kann sich informieren.

> Informieren Sie sich sogar sehr gründlich, wenn es um sachliche Richtigkeit geht, damit Ihnen niemand am Zeug flicken kann und damit Sie Ihre Glaubwürdigkeit nicht aufs Spiel setzen.

> Grämen Sie sich nicht, wenn Sie mit den ersten Büchern nicht reich werden. Sehen Sie Ihre ersten Bücher als Einstieg in den Buchmarkt an.

12

Professionalisierung und Hartnäckigkeit

In dieser Phase las ich in meiner Fachzeitschrift folgende Ausschreibung: »Viertes Fortbildungsseminar für Kinderbuchautoren.« Träger und Veranstalter war die Bertelsmann Stiftung in Zusammenarbeit mit dem Kulturwerk deutscher Schriftsteller e.V. und dem Verband Deutscher Schriftsteller (VS).

Das Programm des Seminars schien verlockend: Vermittlung grundlegender Kenntnisse »kindgerechten« Schreibens, Erarbeitung von Kriterien und Formen, Textwerkstatt in Form von Referaten und Arbeitsgesprächen mit erfahrenen Kinderbuchautoren, Programmmachern und Pädagogen.

Teilnehmer sollten sein: Zwölf Autorinnen und Autoren, die die besondere Befähigung verspürten, für Kinder (bis zu zehn Jahren etwa) zu schreiben, und nach Möglichkeit bereits Publikationserfahrung hatten.

Ich hatte diese Ausschreibung schon ein Jahr früher gelesen und mich recht kühn beworben, aber das Seminar war abgesagt worden, da es »nicht genügend qualifizierte Bewerbungen« gab. Ich war mir nicht sicher gewesen, ob mich die Begründung der Absage deprimieren oder aufmuntern sollte. Nun also las ich die Ausschreibung ein Jahr später wieder. In der Zwischenzeit hatte ich mich ohne Zweifel weiter entwickelt. Warum sollte ich es nicht noch einmal versuchen?

In meinem Kopf spukte zwar eine kleine quälende Vision herum: die Vision von Lektoren, die Beiträge sichten und plötzlich gequält aufstöhnen: »Die schon wieder! Diese Niete haben wir doch letztes Jahr schon ausgemustert. Die hat wohl gar nichts kapiert.« Diese Vision ließ mich zögern. Aber sie hielt mich nicht ab.

Womöglich habe ich mit meiner Hartnäckigkeit im einen oder

anderen Fall tatsächlich schon genervtes Aufstöhnen verursacht. Andererseits hat mir meine Hartnäckigkeit auch schon allerlei ermöglicht. Wäre ich schüchterner, zurückhaltender gewesen, hätte ich so manches nicht erreicht.

Wieder einmal nahm ich also all meinen Mut zusammen, bewarb mich und war wie vom Donner gerührt, als die Zusage kam. Man hatte mich mit elf anderen Autoren aus dem gesamten Bundesgebiet ausgewählt! Ich konnte es nicht fassen. Ich war stolz, glücklich und ratlos. Wie sollte ich mich eine ganze Woche lang von meinen kleinen Jungen trennen?

Diesen Punkt hatte ich bei der Bewerbung schlicht verdrängt. Nun aber stand er als Problem riesengroß im Raum. Vor Aufregung konnte ich kaum mehr schlafen, der Konflikt beutelte mich schrecklich. Meine Kinder verlassen? Nein! Auf eine derartige Chance verzichten? Nein!

➢ Unterstützung durch das persönliche Umfeld

Glücklicherweise erfuhr ich Unterstützung auf der ganzen Linie. Meine liebe Frau Schneider ließ nichts unversucht, um mir klar zu machen, dass diese Woche eine einmalige Chance für mich sei und dass sie meinen Kindern kein bisschen schaden werde. Die Großeltern versprachen, den Ehemann nach Kräften in der Kleinkinderbetreuung zu unterstützen, und der wiederum sagte schlicht: »Fahr, wenn's dir so wichtig ist. Wir schaffen das schon.«

Hier zeigte sich zum ersten Mal, dass im Alleingang nicht alles gelingen kann. Ich war zwar immer sehr bemüht gewesen, meine Umgebung recht wenig von Anspannung, Frust und Enttäuschungen einer Möchtegern-Autorin spüren zu lassen. Ich war auch stolz darauf gewesen, mein Kinderbuchschreiben unabhängig zu verwirklichen. Nun aber stand ich vor der Wahl: Sollte ich meine nächsten Angehörigen weiterhin mit meinen Problemen verschonen und damit gleichzeitig auf eine große Chance verzichten? Oder sollte ich alles offen auf den Tisch legen und um Hilfe bitten?

Ich entschied mich für die zweite Möglichkeit. Und das war gut so.

Irgendwie freuten sich alle, mir helfen zu können. Und irgendwie schien es so, als tat das Helfen nicht nur mir, sondern auch ihnen gut.

Ich frage mich heute allerdings, was ich getan hätte, wenn man mir nicht so bereitwillig entgegengekommen wäre. Vermutlich wäre ich dann nicht gefahren. Aus heutiger Sicht denke ich aber auch, dass es richtig gewesen wäre, selbst dann zu fahren, wenn ich um Hilfe hätte winseln müssen.

Weil Chancen dieser Art kaum wiederkehren.

Und so fuhr ich. Tage und Nächte vorher litt ich unter der bevorstehenden Trennung, verfluchte wieder einmal meinen Ehrgeiz, bereitete alles für die Übergabe vor, packte ein, was mir wichtig schien (unter anderem auch einen Stapel Elternzeitschriften mit Beiträgen von mir, die zwar nichts mit Kinderliteratur zu tun hatten, aber zumindest beweisen konnten, dass ich schrieb und veröffentlichte, die daneben aber – wie ich während meiner Odyssee bis zum Veranstaltungsort schmerzhaft erfahren musste – äußerst schwer wogen) und setzte mich schließlich des Montagmorgens todunglücklich in einen Zug Richtung Norden.

➤ Publikationsnachweise

Dass ich mit einer halben Wagenladung Zeitschriften zum Seminar reiste, war wieder einmal reichlich naiv.

Andernteils: Es tat mir gut. Es gab mir das Gefühl, jedem und jederzeit beweisen zu können, dass ich nicht mehr nur eine kleine, schreibende Mami war, die sich von Windeln und Kochtöpfen davongestohlen hatte, sondern eine – ja, eine Autorin eben.

Insofern war es psychologisch richtig, dass ich mit den Beweisen meines schriftstellerischen Schaffens auf Reisen ging. Es verlieh mir tatsächlich Selbstbewusstsein. Andernteils werden gerade echte Profis wohl kaum mit einem zentnerschweren Koffer voll eigener Erzeugnisse reisen.

In meinem Fall hätten es auch Kopien der betreffenden Artikel getan. Diese hätten mit Sicherheit nicht weniger professionell gewirkt – und sie wären leichter zu tragen gewesen.

Ganz abgesehen davon, dass sich eine Woche lang niemand für diese meine Veröffentlichungsnachweise interessierte. Meine Glaubwürdigkeit schien auch so unangekratzt, bereits vorhandene Publikationen wurden wohl als eher selbstverständlich vorausgesetzt.

Hätte ich tatsächlich schon Kinderbuchveröffentlichungen vorzuweisen gehabt, wären diese aller Wahrscheinlichkeit nach auf größeres Interesse gestoßen.

TIPP

> Wenn Sie zeigen wollen, was Sie schon veröffentlicht haben, überlegen Sie gut, was Sie mitschleppen. Nicht alles lohnt sich.

> Haben Sie schon einige Bücher veröffentlicht, beschränken Sie sich auf das in Ihren Augen Wichtigste, Beste, Ausdrucksstärkste, Passendste.

➤ Eigene Grenzen überschreiten

Dass mein Zug im Zielbahnhof mit reichlich Verspätung ankam und man mich als einzige Teilnehmerin aus dem südlichen Teil Deutschlands am Bahnhof schlicht vergaß, dass ich mich mit schwerem Gepäck mittels verschiedenster öffentlicher Verkehrsmittel zum Ort der Tagung durchkämpfen musste, dass die Vorstellungsrunde gerade abgeschlossen war, als ich ankam und ich mich somit – schwitzend und verärgert – den anderen vorstellen musste, ohne von diesen etwas erfahren zu haben, dass ich mir noch am selben Abend an der vorzüglichen Suppe, die serviert wurde, die Zunge gründlich verbrannte, dies alles war selbstverständlich nicht dazu angetan, meine Stimmung zu verbessern. Aber nun war ich schon mal dort und hielt aus.

Um es vorweg zu nehmen: Ich habe nie bereut, dabei gewesen zu sein. Ich lernte enorm viel in diesen sieben Tagen. Ich konnte plötzlich ganz anders schreiben. Mir fielen Themen und Geschichten ein, auf die ich vorher nie gekommen wäre. Ganz am Rande bemerkt, klappte auch das Unternehmen »Familie ohne Mama« hervorragend.

Welchem der zahlreichen Programmpunkte dieses Seminars ich am meisten zu verdanken hatte, weiß ich nicht. Ich weiß aber noch, dass ich wieder einmal enorm litt, als es daran ging, die eingereichten Texte einer strengen Kritik zu unterziehen. Dank meinem mit B beginnenden Nachnamen war ich bereits als dritte Teilnehmerin an der Reihe, erlebte die zahlreichen kritischen Äußerungen zunächst als persönliche Niederlage, um dann festzustellen, dass dieses heftige Kritisieren a) keinem erspart blieb und b) die Augen für Qualität öffnete.

Als am Donnerstag ein Schreibtag angesetzt war, bemerkte ich bereits während des Schreibens, dass sich etwas in mir verändert hatte, dass ich dabei war, eigene Grenzen zu überschreiten. Dies bestätigte sich auch bei der zwei Tage späteren Besprechung der Schreibtag-Geschichten, was mich außerordentlich motivierte.

Wenn Sie, liebe Leserin, lieber Leser, beim Schreiben bleiben, werden Sie aller Wahrscheinlichkeit nach ebenfalls feststellen, dass es so etwas wie Stillstand nicht geben muss, dass Sie sich in den eigenen Fähigkeiten – stetig und von Ihnen selbst fast unbemerkt – weiterentwickeln. Vielleicht merken Sie es überhaupt erst an der Rückmeldung der anderen, vielleicht sagt Ihnen plötzlich jemand: »Sie schreiben jetzt übrigens ganz anders, viel besser.«

Sie werden aber auch feststellen, dass es Meilensteine gibt, an denen sich Fähigkeiten abrupt und spürbar zum Guten verändern.

TIPP

> Vertrauen Sie darauf, dass Sie – wenn Sie wirklich dran bleiben – Fortschritte machen.
> Freuen Sie sich darüber, wenn Sie selbst spüren, dass es einen Ruck zum Positiven hin gegeben hat.
> Nehmen Sie diese Chance an und packen Sie Neues an.

➤ Freundschaft unter Autoren

Nicht zuletzt zog ich noch einen Gewinn ganz anderer Art aus der Seminarwoche. Ich freundete mich mit einigen der teilnehmenden Autorinnen an, ganz besonders aber mit einer jungen Frau, die damals noch in einem der neuen Bundesländer lebte. Sie hatte es zu DDR-Zeiten geschafft, sich als freie Autorin, vor allem im Bereich Hörspiel, zu etablieren. Nun hatte sie sich an Kinderbücher gewagt und war – sehr zu ihrer Freude, so wie ich – für das Seminar ausgewählt worden.

Die Freundschaft zu dieser jungen Frau namens Astrid Rösel hat nicht nur die seit damals vergangenen fünfzehn Jahre überdauert, sondern sie hat uns beiden in diesen Jahren sehr geholfen. So oft wir konnten, sandten wir uns gegenseitig unsere neuesten Texte und kritisierten, was das Zeug hielt. Wir wurden uns gegenseitig zu (nahezu) allzeit verfügbaren und (nahezu) unersetzlichen Lektorinnen. Dass Astrid kurz nach dem Seminar auch noch in meine Nähe zog, ermöglichte uns eine stete, fruchtbare Zusammenarbeit. Jede Menge Projekte haben wir seit damals gemeinsam angepackt. Jede Menge Höhen und Tiefen haben wir miteinander durchlebt. Und jede Menge deprimierender Schaffenskrisen dank dem Zuspruch der anderen durchgestanden.

Eine gute Freundschaft zu einem Menschen »aus der Branche« ist mehr als Gold wert, denn sie bringt einem Autor jede Menge Vorteile:
- Möglichkeit zum Erfahrungsaustausch
- wertvolle Anregungen
- Hilfe und Rat
- Trost bei Misserfolgen
- kein Vereinsamen im stillen Kämmerlein

Natürlich fällt einem solch eine Freundschaft nicht in den Schoß. Und natürlich ist sie nicht im Preis eines Autorenseminars inbegriffen. Überhaupt lassen sich Freundschaften ja nicht erzwingen. Aber wer grundsätzlich bereit dazu ist, kann die Chancen auf eine Freundschaft unter Kollegen erhöhen.

So wichtig wie im ganzen Leben: Nicht nur nehmen, sondern auch geben! Das kann im Extremfall eben schon mal bedeuten, dass die Freundin-Kollegin schon zum zweiten Mal innerhalb eines Monats auf die Kritik eines neuen 100-Seiten-Textes wartet, während Sie selbst ihr gerade ein dreiseitiges Kindergeschichtlein mit der Bitte um Beurteilung haben zukommen lassen. Aber irgendwann wendet sich das Blatt wieder, und dann freuen Sie sich, wenn da jemand ist, der Ihr Werk nicht gelangweilt zur Seite legt, sondern sich die Mühe macht, es auf Herz und Nieren zu prüfen.

Und wenn Sie selbst – eben auf Grund der Freundschaft, die eine Rivalität nicht aufkommen lässt – es sich zueigen gemacht haben, sich mit Ihrer Freundin und Kollegin über Erfolge mitzufreuen, dann haben Sie öfter was zum Freuen. Und umgekehrt.

Selbstverständlich gilt auch der Satz vom geteilten Leid. Ein Autor kann nun mal viel besser nachvollziehen, welch seelischer Tiefschlag in der siebten Absage auf das mit soviel Engagement geschriebene Werk stecken kann. Er kennt dieses vernichtende Gefühl, kann also aufbauend wirken. Nach Misserfolgen Jammertiraden anhören, Mut machen, zum Lachen bringen – dies alles können »normale« Freunde natürlich auch. Aber ungleich kompetenter können es – das ist meine ganz persönliche Erfahrung – Freunde, die auch schreiben.

Vielleicht fragen Sie sich nun: Alles recht und schön, aber woher, bitteschön, soll ich einen solchen Freund bekommen? Natürlich kann ich Ihnen keine Patentlösung anbieten, aber ich kann Sie nur noch mal ermutigen, jede Chance auf Fortbildung zu nutzen. Fortbildungsseminare, von denen Sie sich angesprochen fühlen, sprechen vermutlich auch Leute an, die sich in ähnlicher Situation wie Sie selbst befinden. Auch regelrechte Autoren- und Illustratorentreffs gibt es, bei denen man Kontakt knüpfen kann.

Und mittlerweile bietet das Internet Kennenlern-Möglichkeiten verschiedenster Art. Eine Warnung allerdings: Bringen Sie hierfür bitte ein hübsches Päckchen Zeit mit, sonst wird das nichts. Ich selbst habe Stunden mit Kreuz-und-quer-Surfen bei der Autorentreff-Recherche für dieses Buch zugebracht.

➢ »Schwebende Verfahren«

Ich wollte endlich Klarheit in Sachen »schwebende Verfahren«. Eines davon war die Geschichtensammlung für den netten Lektor, der mich nach Bologna eingeladen hatte.

Die Sache war nämlich nie ganz zum Erliegen gekommen, hatte aber etwas freudlos vor sich hingedümpelt. Immerhin hatte man mir zu Weihnachten ein schönes Geschenk gemacht, was mich in der Annahme bestärkte, als Autorin geschätzt zu werden. Doch dann hieß es einmal, meine Geschichten seien beim Verleger, einmal bereits bei der Grafikerin, einmal war der Lektor krank geworden ... Und nun hatte ich endlich den Mut, eine klare Aussage zu verlangen.

Einen Vorvertrag hatte ich nie gefordert, weil ich noch nicht einmal wusste, dass es so etwas gibt. Mit einem Vorvertrag verhält es sich so: Wenn ein Verlag Interesse an einem Ihrer Texte zeigt, aber verlangt, dass Sie noch etwas ändern, können Sie um einen Vorvertrag bitten. Der Verlag bekundet in ihm seine Bereitschaft, Ihren Text zu veröffentlichen, wenn Sie die geforderten Änderungen erbracht haben. Zugesichert wird Ihnen die Veröffentlichung

allerdings nicht, der Vorvertrag ist also nur ein kleines Stückchen
Sicherheit.

TIPP

Wenn Sie sich zu lange hingehalten fühlen, bestehen Sie auf
einer klaren Aussage oder auf einem Vorvertrag.

➤ Idee geklaut? – Das Urheberrecht

Doch dann passierte genau zu diesem Zeitpunkt etwas durch und
durch Merkwürdiges. Ich hatte dem netten Lektor nämlich vor
etlichen Monaten nicht nur weitere Geschichten der gleichen
Art, sondern auch eine gänzlich neue Bilderbuchidee nebst Ausführung geschickt. Auf die hatte er nie reagiert. Ich wiederum
hatte nichts weiter unternommen, weil ich der Meinung war, die

Texte für das Geschichtenbuch hätten Vorrang. Das zweite Projekt würde wohl im Anschluss diskutiert. Insgeheim hoffte ich auf einen abermaligen begeisterten Anruf: »Ich bin erst jetzt dazu gekommen, liebe Frau Brosche, Ihr Manuskript zu lesen. Und ich muss sagen, ich bin noch hingerissener als beim ersten Mal.«

Doch dieser Anruf kam nicht.

Nun ergab es sich, dass ich zu jener Zeit – Verknüpfung meines Erstberufs »Lehrerin« und meines wachsenden Interesses für Kinderliteratur – ein Seminar zum Thema »Kinder- und Jugendliteratur im Unterricht« vor Studenten hielt. Im Rahmen dieses Seminars besuchte ich gemeinsam mit den Studenten eine Buchausstellung und blätterte interessiert in den Neuerscheinungen, bis ich bei der Lektüre eines großformatigen Bilderbuchs förmlich erstarrte. Die ersten Sätze kamen mir auf eine schon fast groteske Art vertraut vor. Ich sah nach, in welchem Verlag das Buch erschienen war und erstarrte zum zweiten Mal. »Mein« Verlag, der mit dem netten Lektor. Ich las den Text immer wieder und konnte es nicht glauben.

Zu Hause angekommen, beschloss ich zu handeln. Ich schickte einen weniger freundlichen Brief an die Geschäftsführung des Verlags, zeigte mein Befremden angesichts der wörtlichen Übernahme meiner Sätze, wies ferner darauf hin, dass man in der letzten Zeit weder auf meine brieflichen noch auf meine telefonischen Nachfragen reagiert habe, forderte den Verlag auf, mir alle meine Unterlagen zurückzusenden und bat um eine Stellungnahme.

Die traf unverzüglich ein. So lange ich in den vergangenen eineinhalb Jahren auf Reaktion hatte warten müssen, so schnell meldete man sich nun bei mir. Ja, man verstehe schon, dass ich verblüfft sei – obwohl das verwirklichte Bilderbuch mit meinem Manuskript nun wirklich gar nichts zu tun habe. Man könne dies belegen, zweifelsfrei. Meine Aufregung sei demnach unbegründet.

Mit meinen anderen Geschichten möge ich mich gedulden oder diese aber zurückfordern. Dies sei ja mein gutes Recht.

Ich fühlte mich enttäuscht, deprimiert, ohnmächtig. Was konnte ich schon machen?

Schließlich informierte ich mich über das Thema »Urheberrecht« und erfuhr so manches, vor allem aber dies: Nicht die Idee, sondern das Werk ist durch das Urheberrecht geschützt.

TIPP

> Versuchen Sie sich vor Ideenklau zu schützen, indem Sie nie zu viel verraten.
> Grämen Sie sich nicht, wenn es doch passiert. Die Idee allein ist nicht zu schützen.

Ich wies in meinem Antwortbrief darauf hin, dass in meinen Augen noch immer nicht alles ausgeräumt sei und dass ich nun eine grundsätzliche Entscheidung hinsichtlich des laufenden Geschichtenprojekts erwartete und bat darum, mir nun endgültig Genaues mitzuteilen ...

Um es kurz zu machen: Aus dem Geschichtenprojekt wurde nichts.

Die Lehre, die ich aus dieser und anderen Schlappen gezogen habe, ist, nie zu viel Hoffnung in eine Sache zu setzen. Auch was sich noch so gut anlässt, was noch so gut aussieht, was noch so gut klingt, kann sich nur allzu leicht zum Flop entwickeln. Mir war eben nicht bewusst, dass Verlage sich manche Dinge sozusagen »warm halten«. Vielleicht wird mal was draus, vielleicht auch nicht. Das Risiko beim Verlag ist gleich null, die Motivation des Autors vernichtet.

Wenn man Ihnen also von Verlagsseite große Hoffnung macht, so freuen Sie sich. Immerhin ist Ihr Werk aus der Masse der unaufgefordert eingesandten Manuskripte herausgeragt. Das ist schon etwas sehr Besonderes. Aber freuen Sie sich nicht zu sehr: Es könnte tatsächlich und trotz großen Lobs nie etwas aus diesem Projekt werden. Wenn Sie ganz sicher gehen wollen, bestehen Sie – wie gesagt – auf Ausfertigung eines Vorvertrages. Wenn man auf diesen Wunsch nicht eingeht, können Sie sich entscheiden:

– Dem Verlag die kalte Schulter zeigen und es anderswo versuchen.

– Trotz Nichteingehen auf Ihren deutlich vorgetragenen Wunsch beim Verlag bleiben, weiter hoffen (und es dennoch gleichzeitig anderswo versuchen).

➤ Abschied von vertrauten Verlagsmitarbeitern

Auch die zweite unvollendete »Verlagsgeschichte«, die Texte, die ich im Anschluss an das Erwachsenenbuchprojekt eingereicht hatte und die so sehr gelobt worden waren, entwickelte sich merkwürdig. Die ach so begeisterte Lektorin war plötzlich im Mutterschaftsurlaub und für mich somit nicht mehr zu sprechen, meine Texte schienen verschwunden, niemand war mit der Sache vertraut. Ich verabschiedete mich auch von dieser Hoffnung und blickte nach vorn.

Etliche Male im Laufe meines Autorinnenlebens war die Zusammenarbeit mit einer Lektorin plötzlich beendet, weil sie wegen einer Schwangerschaft ihren Verlag verließ. Einmal kam es so heftig, dass ich, die ja insgesamt auch dreimal schwanger gewesen und auch der Kinder wegen aus ihrem eigentlichen Beruf ausgestiegen war, mich regelrecht als Schwangerschafts-Opfer fühlte. Hintereinander waren mir mehrere feste Ansprechpartnerinnen verloren gegangen, weil sie sich in den Mutterschutz verabschiedeten. Auch wenn die Nachfolgerinnen oft nicht weniger nett und kompetent waren, empfand ich diesen Wechsel zunächst meist als belastend.

Nicht nur einmal habe ich einen Brief erhalten, der mit folgender oder ähnlicher Formulierung begann:

Sehr geehrte Frau Brosche,
es gibt im Leben immer wieder Momente, in denen man sich entscheiden muss ...

Jedes Mal hatte die Entscheidung Abschied bedeutet. Die entsprechende Lektorin/der entsprechende Lektor hatte einen anderen Job angenommen und war somit nicht mehr für mich zuständig.

TIPP

> Stecken Sie nie zu viel Hoffnung in persönliche Beziehungen zu Verlagsleuten!
> Dokumentieren Sie möglichst alles schriftlich, sodass die Arbeit auch von und mit Nachfolgern im Verlag fortgesetzt werden kann.

➤ Der Verband deutscher Schriftsteller (VS)

Ich hatte mich in der Zwischenzeit über Autorenverbände informiert und war zu dem Schluss gekommen, dass ich gerne dem VS – Verband deutscher Schriftsteller (Adresse im Anhang) beitreten würde. Nun wagte ich es dank meiner ersten Buchveröffentlichung, mich um eine Mitgliedschaft zu bewerben.

Laut Geschäftsordnung des VS gelten folgende Aufnahmekriterien:

Mitglieder können alle haupt- und nebenberuflichen deutschsprachigen Autorinnen und Autoren, Übersetzerinnen und Übersetzer sowie alle auf dem Gebiet der Bundesrepublik lebenden fremdsprachigen Schriftsteller werden, die ihr fachliches Können durch

- eine (nicht selbst finanzierte) Buchveröffentlichung,
- eine Sendung oder Aufführung eines Hör- oder Fernsehspiels, Theaterstücks oder Films,
- mehrere Veröffentlichungen in literarischen Anthologien, Literaturzeitschriften, elektronischen Medien und Feuilletons, entsprechende Veröffentlichungen als literarische Übersetzerin oder Übersetzer oder
- eine vergleichbare literarische Tätigkeit nachgewiesen haben.

Außerdem können Inhaber und Inhaberinnen von ererbten Urheberrechten Mitglied werden.

Mein fachliches Können hatte ich unter Beweis gestellt und wurde auch prompt aufgenommen.

Ohne Werbung betreiben zu wollen, seien hier einige der Vorteile einer Mitgliedschaft im VS, dem größten deutschen Schriftstellerverband, genannt:

- > kostenloser Rechtsschutz in allen berufsbedingten Rechtsstreitigkeiten;
- > kostenlose Rechtsberatung bei Vertragsabschlüssen in allen urheberechtlichen, Steuer- und Versicherungsproblemen;
- > kostenlose Beratung bei beruflichen Problemen;
- > Rabatte beim Abschluss von Kranken-Zusatzversicherungen;
- > finanzielle Unterstützung bei Freizeitunfällen;
- > kostenlos die medien- und kulturpolitische Zeitschrift *Kunst & Kultur* (monatlich) bzw. das Fachblatt *Übersetzen*;
- > Berufskundeseminare und Workshops auf Landes- und Bundesebene;

> Förderung und Pflege der internationalen Schriftstellerkontakte und Austausch;
> die Möglichkeit, über die internationalen Kontakte des VS ausländische Kolleginnen und Kollegen und andere Kulturen kennenzulernen;
> Arbeitsaufenthalte in den Schriftsteller- und Übersetzerzentren in Visby/Gotland und Rhodos;
> die Möglichkeit, Reisekostenzuschüsse zu bekommen, wenn für literarische Projekte Auslandsrecherchen erforderlich werden;
> Seminare unter Leitung erfahrener Autoren und Lektoren, zum Beispiel in den Bereichen literarische Übersetzung, Lyrik, Kinderbuch, Kriminalroman, Hörspiel oder Film- und TV-Drehbuch (gemeinsam mit der Bertelsmann-Stiftung, dem Deutschen Literaturfonds und der Stiftung Buch und Medien);
> Professionalisierungsseminare für Autorinnen und Autoren, Übersetzerinnen und Übersetzer in den Bildungszentren der IG Medien in Springen und Hörste.

Ein Vorteil am Rande war auch: Ich erhielt nun automatisch und kostenfrei die Fachzeitschrift »Kunst und Kultur«, die ich bis dahin abonniert hatte.

Noch eine Warnung: Verwechseln Sie nicht den Verband deutscher Schriftsteller in der ver.di mit angeblichen »Schriftstellerverbänden« ähnlichen Namens!

Links zu weiteren Schriftstellerverbänden: www.autorenhaus.de

➤ Wettbewerbe und Preise

Mitten in der Arbeit am neuen Kinderroman las ich über eine Ausschreibung:

Journalisten-Wettbewerb – Geschichten aus dem Wasaland

Das klang doch gar nicht schlecht, ich ließ mir die Unterlagen kommen.

Wenige Tage später konnte ich darin nachlesen, dass ich teilnehmen könne, wenn ich freier Autor, Journalist oder Redakteur wäre. Der eingereichte Beitrag müsse bislang unveröffentlicht sein. Die Geschichte dürfe nicht mehr als 20 Normseiten lang sein.

Dann aber kam der Haken. Um einen Einblick in das Wasaland – von dem meine Geschichte ja erzählen sollte – zu bekommen, sollte ich mir beiliegende Information »Leben im Wasaland« zu Gemüte führen. Das tat ich. Und erschrak. Das dargestellte Szenario erinnerte stark an Astrid Lindgren und ihre Geschichten aus einer heilen, ländlichen Schweden-Welt. So sehr ich Lindgrens Bullerbü liebe, ja schon als Kind geliebt habe, so sicher war ich mir zunächst, dass ich selbst dies nun ganz bestimmt nicht schreibend verarbeiten könnte. Erstens klang mir das für die heutige Zeit viel zu heil, und zweitens hatte ich – im Gegensatz zu Astrid Lindgren – keinerlei Erfahrungen mit und Erinnerungen an eine solche heile Welt.

Doch der Wettbewerb ließ mich nicht los. Immerhin hieß es, dass die besten Geschichten als Kinderbuch bei einem namhaften Verlag erscheinen sollten. Und: Der Vorsitzende der Jury sollte kein anderer als James Krüss höchstpersönlich sein.

Irgendwann fand ich den Dreh, die Erfahrungen eines ganz normalen Kindes aus »meiner« Welt mit der Idylle des Wasalandes zu verknüpfen. Bei uns im Dorf hatte es nämlich gerade erst einen Luftballonwettbewerb gegeben, und der brachte mich auf die zündende Idee. Nun packte mich das große Schreibfieber.

Da ich immer wieder gehört hatte und dies auch absolut bejahte, man könne nur über Dinge schreiben, von denen man wirklich Ahnung hat, war nun Information über ländliches Kinderleben à la Schweden angesagt. Welch Glück, dass eine meiner Nachbarinnen gebürtige Schwedin war und auch noch hervorragend Deutsch sprach! Sie verschaffte mir den nötigen Einblick, brachte mich auf gute Ideen und lieferte den Namen für meine Hauptfigur. Ylwa hieß diese von Stund an, und damit war der jüngsten Tochter meiner schwedischen Nachbarin ein kleines »literarisches« Denkmal gesetzt.

Zuletzt brachte ich eine für meine Verhältnisse ungewöhnlich lange Geschichte zustande, die mir selbst – und Frau Schneider – gut gefiel. Bis zum Abgabetermin feilte ich an ihr, dann schickte ich sie los – unter dem bewusst doppeldeutigen Titel »Der Wind weht manchmal anders«.

Hier ein kleiner Ausschnitt, der zeigt, wie die Luftballon-Idee und die Schweden-Informationen Umsetzung fanden:

... Ylwa trug den blauen Luftballon wie ein kostbares Gut in ihrem Arm. Sie wollte ihn auf gar keinen Fall verlieren.

Schnell umringten sie die anderen Kinder.

»Wo der nur herkommen mag?«, rätselten alle.

Nur einmal in den letzten Jahren hatte eine Gruppe von ihnen einen solchen Luftballon gefunden. Aber der war aus dem Nachbarstädtchen hergeweht worden. Und nun eine Karte aus dem Ausland? Es war richtig aufregend.

»Ich werde Mama fragen oder Murmur«, rief Ylwa und war schon wieder unterwegs.

...

Im alten Holzhaus der Sundins saß Michel immer noch über seinen Aufgaben, Mama bügelte Wäsche, und Murmur blätterte in der Tageszeitung. Alle drei blickten erstaunt auf, als die aufgeregte Schar hereinstürmte.

Und dann war das Rätsel ganz schnell gelöst.

Murmur warf nur einen kurzen Blick auf die Karte.

»Die kommt aus Deutschland«, sagte sie, als ob dies das Selbstverständlichste von der Welt wäre.

»Aus Deutschland?« wiederholten alle verständnislos.

»Dann müsste der Luftballon ja übers Meer geflogen sein«, wunderte sich Mama.

»Der Wind müsste ganz merkwürdig geweht haben«, meinte Michel, der sich sehr für Erd- und Wetterkunde interessierte.

»Der Wind weht eben manchmal anders«, stellte Murmur fest und schlug dann vor, zu ihrer Freundin Frida Quist zu gehen. Die konnte nämlich Deutsch.

...

Nur mit Mühe fanden sie alle um den alten Holztisch Platz. Die Kleinen, wie Bengt und Tove, wurden einfach auf den Schoß genommen, und dann endlich waren alle Augen auf Frida gerichtet. Die holte erst noch umständlich ihre Lesebrille aus der Schublade und las dann langsam die Übersetzung vor:

Lieber Finder!

*Ich heiße Andreas Baumann, bin 13 Jahre alt und wohne in See-
stadt, Große Horst 22. Dies ist ein Wettbewerb. Schreib mir bitte!
Dein Andreas
...*

Obwohl Seestadt ein von mir erfundener Ort war, hatte ich mich
vorher selbstverständlich auch noch über Windrichtungen und
Entfernungen schlau gemacht. Wenn auch erfunden, musste
die Geschichte doch möglich sein und die Fakten mussten stimmen.

Ich stellte beim Schreiben fest, dass es sich höchst positiv auf
mich, meine Konzentration und Leistungsbereitschaft auswirkte,
dass ich wusste: Meine Geschichte wird gelesen werden.

TIPP

> Halten Sie die Augen nach Schreibwettbewerben und Ausschrei-
  bungen offen und nehmen Sie – wenn irgend möglich – daran
  teil.
> Verschaffen Sie sich Informationen zur Thematik.

Etwa ein halbes Jahr nach dem Abgabetermin des Autorenwett-
bewerbs teilte man mir mit, dass meine Geschichte unter über
50 Einsendungen – mit vier anderen – ausgewählt worden sei, in
Buchform zu erscheinen.

Ich schwamm im Glück.

Und dachte, ab diesem Moment könne mich nichts mehr aufhalten.

Konnte es aber doch.

Obwohl das fertige Buch, das einige Monate später bei mir ein-
traf, wie ich fand, gut gelungen war, obwohl mir meine Geschichte auch gedruckt noch immer gefiel, obwohl der Name des Her-
ausgebers James Krüss sogar auf der Titelseite prangte und obwohl

der Rückseitentext ausgerechnet mit einem Ausschnitt aus meiner Geschichte begann:

Hallo Ylwa! Weißt du, dass ich vom Wasaland nicht viel kenne, nur altmodische Autos, Holzmöbel und Knäckebrot? Erzählst du mir mehr davon?

schreibt Andy aus Deutschland seiner schwedischen Brieffreundin Ylwa. Und Ylwa, aber auch Eika, Sven und Björn erzählen ...

obwohl dies alles doch positiv war, konnte nicht die Rede von einem Durchbruch sein.

Immerhin aber war das Buch im Neuheiten-Prospekt des Kinderbuchverlags so angekündigt worden:

JAMES KRÜSS GIBT HERAUS:
Einfühlsame Geschichten junger Erzähltalente ...

Nun hatte ich es also schriftlich: Ich war ein junges Erzähltalent. Das mit dem »jung« nahm ich nicht ganz so ernst – immerhin war ich damals schon 38 Jahre alt – aber das »Erzähltalent« tat mir außerordentlich gut.

Ich erhielt damals fünf Belegexemplare. Vertraglich zugesichert war nur ein Freiexemplar gewesen, aber man zeigte sich großzügig. Normalerweise – wie ich bei späteren Buchveröffentlichungen immer wieder erleben konnte – wird die vertraglich festgelegte Anzahl genau eingehalten. Das heißt: Wenn im Vertrag steht, dass mir pro tausend Stück Auflage zwei Exemplare zustehen, dann sind das bei einer Auflage von 5000 eben zehn Stück. Jedes Exemplar mehr, das ich zum Verschenken anfordere, muss ich selbst kaufen. Verlage gewähren ihren Autoren und Illustratoren zwar einen Rabatt von 35 bis 50 %, aber geschenkt gibt es über die Belegexemplare hinaus nichts mehr.

Immerhin verschaffte mir das Buch aber die Möglichkeit, auf eine weitere Veröffentlichung zu verweisen, und es verschaffte mir Kontakt zur Lektorin des namhaften Verlags. Sie wirkte interessiert und ermunterte mich, ihr weitere Texte zu senden. Dies tat ich, worauf sich – nichts tat.

Inzwischen allerdings hatte sich in mir die Idee eines Anti-Quengel-Buchs festgesetzt, eines Buchs also, das Kinder in Quengelsituationen wie Autofahrt, Restaurantbesuch, Wartezimmer ... bei Laune halten sollte. Ich bastelte ein wenig an der Idee, reichte sie bei dem namhaften Verlag ein, erhielt eine Einladung in den Verlag, führte dort ein paar angenehme Gespräche und verließ »meine« Lektorin und deren Vorgesetzte mit dem Auftrag, Geschichten in einer ganz bestimmten Richtung zu verfassen.

Wieder einmal hatte ich ein gutes Gefühl.

TIPP

> Gehen Sie sparsam mit Belegexemplaren um oder kalkulieren Sie von vorneherein Ausgaben für nachgeforderte Exemplare ein.
> Nutzen Sie Einladungen zu Verlagsbesuchen und verschaffen Sie sich so einen Einblick ins Verlagsleben.
> Lassen Sie sich von den bei dieser Gelegenheit geführten Gesprächen motivieren, aber setzen Sie nicht zu viel Hoffnung in sie.

➤ Schreiben, schreiben, schreiben ...

Inzwischen hatte ich auch gemeinsam mit der Telefonbekanntschafts-Illustratorin, Zora Davidovic, ein Bilderbuchprojekt bei einem weiteren Verlag eingereicht, und der wirkte nicht uninteressiert. Mit der Lektorin, die ich auf diesem Wege kennen lernte, verstand ich mich auf Anhieb gut, von ihr wurde ich in den Verlag eingeladen, und im Laufe der nächsten Jahre verhalf sie einigen meiner Texte ans Licht der Öffentlichkeit.

Während dieser Zeit schrieb ich beharrlich weiter an meinem Kinderroman. Ich erinnere mich noch gut, wie ich während des Schreibens bereits eine Art Widmung im Kopf hatte, die da lautete:

Mein besonderer Dank gilt
der Gruppe Runrig (die ich damals in kreativen Phasen ständig hörte) und dem Chianti-Wein der Marke ... (den ich damals in kreativen Phasen gerne zu mir nahm), ohne die dieses Buch wohl nicht zustande gekommen wäre.

Das Buch kam auch mit Hilfe von Runrig und Chianti-Wein niemals zustande, aber das wusste ich damals ja – glücklicherweise – noch nicht.

Über den in meiner Nähe beheimateten Agenten gelang es mir dann aber noch im selben Jahr, einen Verlag für mein Anti-Quengel-Buch zu finden. In »Kinder bei Laune halten« konnte ich eine Reihe der von mir bis dahin verfassten Geschichten unterbringen, sodass ich – obwohl es ja ein Buch war, das sich an Eltern richtete – das Gefühl hatte, mein erstes eigenes Kinderbuch vollbracht zu haben.

Daneben gelang mir noch etwas: Den Auftrag zur Illustration erhielt die junge Zeichnerin, die mir vor Jahren Bilder zu meinem ersten Kinderbuch geliefert und die sich inzwischen weiterentwickelt hatte.

Überhaupt sollte, wer für Kinder schreibt, sich nicht auf die Veröffentlichung eines ganzen Buchs fixieren. Mehr Chancen hat, wer auch andere Möglichkeiten mit in Betracht zieht:

- Anthologien
- Beschäftigungsbücher
- Kinderzeitschriften
- Kinderseiten von Zeitschriften
- Rundfunk
- Fernsehen

TIPP

> Glauben Sie an sich, auch wenn sich gerade nichts tut.
> Betrachten Sie Texte, die nie das Licht der Öffentlichkeit erblicken, nicht als Misserfolg, sondern als Schreibübungen, die Sie weiterbringen.
> Warten Sie nicht darauf, Ihr erstes eigenes Kinderbuch schreiben zu dürfen, sondern sehen Sie auch Anthologien, Beschäftigungsbücher und Ähnliches als Erfolg an, sofern Geschichten von Ihnen veröffentlicht werden.

Als die beiden Geschenkbücher eine Weile auf dem Markt waren, beschloss ich, mich auch bei einem anderen Geschenkbuchverlag zu bewerben und stellte fest, dass eine Neubewerbung mit bereits vorzeigbaren Titeln die Sache doch weitaus einfacher machte.

Immerhin musste ich nun nicht mehr den Beweis antreten, dass ich schreiben konnte, sondern lediglich meine beiden Geschenkbuchveröffentlichungen vorlegen. Daraufhin zeigte man sich interessiert.

Tatsächlich entwickelte sich eine Zusammenarbeit im doppelten Sinne, nämlich eine Zusammenarbeit mit dem erwähnten Geschenkbuchverlag und eine Zusammenarbeit mit meiner Freundin und Kollegin Astrid Rösel. Zwei heitere Wörterbücher erschienen so in Koautorenschaft.

In der gleichen Zeit reichte ich wieder einmal kürzere Kindergeschichten beim Rundfunk ein, und siehe da, diesmal erhielt ich ein paar Zusagen. Ich glaube nicht, dass ich dieses Mal mehr Glück hatte. Ich glaube, diese neuen Geschichten waren wohl einfach besser als die erstmals eingesandten.

TIPP

Wenn Sie selbst das Gefühl haben, sich weiterentwickelt und damit bessere Geschichten zustande gebracht zu haben, versuchen Sie es wieder, auch wenn Sie an glecher Stelle schon einmal abgeschmettert worden sind.

13

Berufsautorin

So ganz allmählich begann ich mit dem Schreiben Geld zu verdienen. Hätte ich jedoch in den vergangenen Jahren meine Familie mit meiner Schreibtätigkeit ernähren müssen, wären wir alle jämmerlich verhungert. Diese Anfangszeit ist – sofern man nicht ein absolutes Debütanten-Genie ist – nur zu überstehen, wenn man andere Einnahmequellen, ja sogar andere Haupteinnahmequellen hat. In meinem Fall war der Haupternährer der Familie mein Mann. Ich selbst befand mich ja eigentlich in dem, was man so schön Urlaub zum Zwecke der Erziehung des eigenen Nachwuchses nennt.

Tatsächlich war das Schreiben eine Art Nebentätigkeit bei mir, ich nutzte damals einfach jede freie Minute fürs Schreiben. Wann immer es meine Mutterpflichten zuließen, klemmte ich mich – auch bei schönem Wetter, auch nach anstrengendem Tagesgeschäft – hinter den Bildschirm. Und schrieb, was das Zeug hielt. Eben weil es zu meiner Leidenschaft geworden war. Manchmal fühlte ich mich für kurze Zeit den Kindern in meinen Büchern näher als meinen eigenen. Vor allem dann natürlich, wenn letztere mir nicht zu Gefallen waren. Dann konnte es schon vorkommen, dass ich mich während eines lautstarken Mittagessens nach meinen Fantasiefiguren sehnte.

Zunehmend betrachtete ich das Schreiben als Arbeit und nicht mehr nur als Ausgleich zu Mutter- und Hausfrauenpflichten. Eine Arbeit, die ich – meist – sehr gerne tat.

Meist, das heißt, dass es auch schreckliche Phasen gab. Phasen, in denen ich an mir zweifelte. Phasen, in denen ich das Gefühl hatte, rein gar nichts zu können. Phasen, in denen mir nichts mehr einfallen wollte.

Ich betrachtete das Schreiben also als Beruf. Und für eine berufliche Tätigkeit steht dem Menschen, sofern er nicht gerade als Hausfrau und Mutter tätig ist, ja in der Regel Lohn zu.

Der Lohn stellte sich nun in Form von mehr oder weniger regelmäßig eintreffenden Honoraren ein. Was nichts anderes hieß, als dass ich Steuern bezahlen musste. Was aber auch bedeutete, dass ich alle im Rahmen der Autorentätigkeit anfallenden Ausgaben von der Steuer absetzen konnte:

- Portokosten
- Telefon-, Fax-, Internetgebühren
- Ausgaben für Bürobedarf wie Drucker-Papier, Briefumschläge
- Ausgaben für Fachliteratur
- Anschaffungskosten für Geräte wie PC, Faxgerät, Kopierer
- Ausgaben für »betriebliche« Fahrten, zum Beispiel zur Buchmesse
- Ausgaben für Bewirtung, zum Beispiel bei Arbeitsgesprächen
- Beiträge zu Fachverbänden

Schon seit Jahren hatte ich ein bis mehrere Fachzeitschriften abonniert und mir Bücher gekauft, von denen ich mir Hilfe auf meinem Weg zur Autorin erhoffte.

Zunehmend legte ich mir Fachliteratur in Form von Duden und Lexika zu. Als besonders wertvoll haben sich für mich außer dem Duden bzw. Wahrig der Rechtschreibung, der Duden der Redewendungen, ein Zitate-Wörterbuch, der Duden der sinn- und sachverwandten Wörter und Textors *Sag es treffender* (rororo) sowie ein Reimlexikon erwiesen.

TIPP

Scheuen Sie auf keinen Fall die Ausgaben für Fachliteratur, wenn Sie es ernst meinen mit dem Schreiben. Sie gehören zu Ihrem Werkzeug, und sie lassen sich von der Steuer absetzen.

➤ Absage für mein neuestes Werk

Mittlerweile war mein Kinderroman fertig geworden, ich hatte aber keinen Verlag dafür gefunden. Die nette engagierte Verlagsgründerin hatte sich zwar wohlwollend über das fertige Werk geäußert, mir noch ein paar konkrete Tipps gegeben, mich aber an andere Verlage verwiesen, da ihr junger Verlag zu diesem Zeitpunkt erheblich zu kämpfen hatte.

Die Reaktionen der einzelnen Verlage, die ich mit meinem ersten Kinderroman beglückte, waren recht unterschiedlich. Von verhaltenem Lob bis zu völligem Verriss war alles geboten. Einen Verlagsvertrag erhielt ich nicht. Glücklicherweise hatte ich mir inzwischen ein dickes Fell zugelegt, so dass mir dieser Misserfolg nicht mehr allzu viel anhaben konnte.

TIPP

> Lassen Sie sich nicht beirren, wenn auch nach einer Reihe von Veröffentlichungen immer wieder mal Misserfolge eintreten.

➤ Inspiration durch Kontakte

Mit Zora Davidovic, der Illustratorin, traf ich mich in der nächsten Zeit des öfteren, und wir stellten fest, dass uns diese Treffen außerordentlich inspirierten. So entwickelten wir während eines gemeinsamen Spaziergangs eine Kindergedicht-Idee, die ich sofort umsetzte. Auf der Heimfahrt von einem Besuch bei ihr produzierte ich die ganze Bahnfahrt hindurch: ein Gedicht, eine Geschichte und jede Menge Rätselideen. Beide Gedichte, das Bahnfahrt- und das Spaziergang-Gedicht, erschienen später, illustriert von Zora, die mir mittlerweile zur Freundin geworden war, im Velber-Jahrbuch, was wir als großen Erfolg verbuchten.

Seither betätigte ich mich immer wieder mal als Kinderge-
dicht-Autorin und stellte fest, dass mir auch diese Art zu schreiben
ausgesprochen viel gab. Eines Tages erhielt ich – als Folge meines »Kinder-bei-Laune-halten«-Buchs – den Auftrag für ein weiteres Beschäftigungsbuch. Mit Feuereifer machte ich mich daran,
konnte wieder einmal Gedichte, Geschichten und jede Menge
Beschäftigungsideen unterbringen. So war plötzlich ein weiteres
Kinderbuch von mir auf dem Markt.

Mittlerweile ergab es sich auch durch meine Mitarbeit an einer
der erwähnten Elternzeitschriften, dass ich ab und zu Sachthemen kindgemäß aufbereitete. Im Laufe der Zeit blieb es nicht bei
diesen Zeitschriftenbeiträgen, sondern ich lieferte auch Sachbei-
träge für die damals noch alljährlich erscheinenden Schüler-Sach-
bücher zu den verschiedensten Themen.

TIPP
> Lassen Sie sich von Kontakten und Gesprächen inspirieren.
> Freuen Sie sich, wenn Sie plötzlich neue, bisher verborgene Ta-
  lente an sich entdecken und nutzen Sie sie!

Während ich an diesen und anderen Projekten – die Mutterge-
schichten liefen weiter, ich hatte inzwischen mein Repertoire
erweitert und auch Ratgeber-Artikel für Eltern veröffentlicht –
arbeitete, stellte sich plötzlich und unerwartet heraus, dass ich
noch einmal schwanger war. Und das ausgerechnet, als ich – um
Redaktionsluft zu schnuppern – »als älteste Praktikantin aller Zeiten« ein Praktikum bei einer Jugendzeitschrift absolvierte. Nach
kurzem Schock beschloss ich, mich mit dem Rest der Familie zu
freuen. Zwar zogen leise Zweifel auf, ob ich auch mit drei Kindern
noch die Zeit und die Kraft zum Schreiben haben würde, aber ich
wollte es zumindest versuchen.

Unterdessen hatte ich ja – dank Kindergarten bzw. Schule – längst die Vormittage für mich, was nichts anderes hieß als schreiben, schreiben, schreiben. Nun aber würde wieder alles anders werden. Meine Energie war gerade während der Zeit der Schwangerschaft riesengroß, und so beschloss ich kurz vor dem errechneten Geburtstermin, einen Brief an den Leiter des ersten von mir besuchten Kinderbuchautorenseminars zu schreiben, der im Sachbuchbereich eines großen Kinderbuchverlags arbeitete. Damals nämlich waren wir Jungautoren ermuntert worden, Rückmeldung zu geben, wenn es denn etwas geworden sein würde mit den so ersehnten Veröffentlichungen. Ich hielt den richtigen Zeitpunkt nun für gekommen, erzählte, welche Erfahrungen ich in den letzten Jahren gemacht hatte und schlug ein neues Sachbuchprojekt vor.

➤ Ein neues großes Projekt

Bereits ins Krankenhaus – wenige Tage nach der Entbindung – brachte mir mein Mann den Antwortbrief mit. Er war kurz gehalten, signalisierte aber Interesse an einer Zusammenarbeit. Meine Unterlagen würden an die entsprechenden Redakteurinnen weitergeleitet. Etwa zwei Wochen später – ich war inzwischen zu Hause mit meinem nagelneuen Baby – erhielt ich Post von der Sachbuchredaktion. Mit dem von mir vorgeschlagenen Thema könne man sich nicht anfreunden, wohl aber habe man auf Grund meiner Schreiberfahrungen Interesse an einer Zusammenarbeit. Da ich ähnliche Verheißungen schon des öfteren gehört hatte, war ich nicht allzu beeindruckt. Allerdings hieß es in dem Schreiben auch, man würde sich gerne mit mir auf der Buchmesse treffen, ich solle mich telefonisch melden. Ich rief an und sagte, dass ich aus persönlichen Gründen nicht auf die Messe kommen könne, mich aber über einen Auftrag für ein Kindersachbuch freuen würde.

Wenige Tage später war er da, der Auftrag. Sogar ein recht dicker. In Form einer telefonischen Anfrage der Redakteurin. Mitten in unserem Abtast-Gespräch fing das jüngste Mitglied der Familie unüberhörbar an zu krakeelen. »Der kann schon noch ein bisschen warten«, wischte ich die Bedenken der Redakteurin vom Tisch.

Was, noch ein so kleines Kind? Was, drei Kinder insgesamt? Ob ich mir da so ein großes Projekt zutraue? Ob ich nicht Angst hätte, dass mir alles zu viel würde?

Hatte ich bisher nicht gehabt. Aber nun befiel mich doch ein wenig Panik angesichts des kleinen Mannes und des großen Projekts. Ich erbat mir Bedenkzeit.

TIPP

Wenn Sie sich in irgendeiner Hinsicht nicht ganz sicher sind, bitten Sie sich Bedenkzeit aus. Sie müssen am Telefon weder »schnell« einem Auftrag noch »schnell« einem Honorar zustimmen.

➤ Vertragspflichten

Ausführlich besprach ich in den nächsten Tagen alles mit Frau Schneider. Sie war begeistert, hatte sie doch selbst in ihrer großen Hausbibliothek einiges an Material, das mir für meine Recherche dienlich sein konnte. Ich begann mich sehr auf die Arbeit zu freuen, Frau Schneider sicherte mir wieder einmal ihre Unterstützung in punkto Kindbetreuung zu – aber irgendwie blieb in mir die Sorge: Wird mir mein Leben als Mutter eines Säuglings und zweier Schulkinder Zeit und Energie genug lassen? Werde ich termingerecht abgeben können? Werde ich das alles schaffen?

Immerhin würde ich mit meiner Unterschrift dafür bürgen, alles vertraglich Festgelegte einzuhalten. Und immerhin war es mir bisher ein tiefes inneres Bedürfnis gewesen, immer termingerecht abzuliefern. Zur Not auch mal mit Hilfe von Nachtschichten.

TIPP

Unterschreiben Sie nur, was Sie sich hundertprozentig zutrauen. Sie könnten sonst Schlaf, Nerven oder Ihren guten Ruf einbüßen.

➢ Die Arbeit in Koautorenschaft

Plötzlich fiel mir die Möglichkeit der geteilten Arbeit ein. Ich schlug in einem weiteren Telefonat vor, das Buch in Koautorenschaft zu schreiben und verwies auf die bisher stets gute Zusammenarbeit mit Astrid Rösel. Ja, hieß es, ich könne ja mal nachfragen, ob sie Zeit und Lust habe.

Um es kurz zu machen: Meine Freundin und Kollegin erklärte sich bereit mitzuarbeiten, und der Verlag akzeptierte die Zusammenarbeit.

Als das Baby sechs Wochen alt war, starb Frau Schneider. Dieser plötzliche Tod war ein entsetzlicher Schock für uns alle.

Doch irgendwie musste es weitergehen. Gemeinsam bastelten Astrid und ich an den geforderten Probetexten. Schließlich lieferten wir termingerecht ab, wenig später schloss der Verlag die Verträge mit uns ab.

Und wiederum ein paar Tage später saß die Redakteurin gemeinsam mit Astrid Rösel und mir in meinem Wohnzimmer zu einem ersten großen Arbeitsgespräch. Netterweise war sie damit auf meine persönliche Situation – ich stillte noch – eingegangen.

Ab diesem Tag beschäftigte uns Autorinnen das Vorhaben

mehr, als wir je zu fürchten gewagt hatten. Es gab Tage, an denen ich verzagte und befürchtete, nie fertig zu werden. Es gab Tage, an denen ich jubilierte und mich freute, ein so interessantes und anspruchsvolles Projekt – trotz Baby – zu bewältigen. Es gab auch Tage, an denen ich mit Baby an der Brust einhändig Texte in den Computer hämmerte.

Nie aber gab es einen Tag, an dem ich bedauerte, die Koautorenschaft eingegangen zu sein. Die Zusammenarbeit ließ sich wieder durchweg positiv an. Und außerdem hätte ich die viele Arbeit alleine nicht geschafft.

TIPP

Wenn Sie glauben, ein Projekt besser in Koautorenschaft als alleine bewältigen zu können, dann brauchen Sie einen Mitautor, auf den Sie sich verlassen können. Das Honorar teilt sich dann zwar durch zwei, aber auch die Arbeit.

Frau Schneider fehlte mir sehr – in vielerlei Hinsicht: als Textkritikerin, als Kinderbetreuerin, als Mutmacherin und nicht zuletzt als Seelenverwandte und enge Freundin. Liebenswürdigerweise hatte mir ihr bereits erwachsener Enkelsohn etliche der Bücher und Zeitschriften, die er von ihr geerbt hatte, für die gesamte Dauer des Projektes zur Verfügung gestellt. So war Frau Schneider doch immer irgendwie dabei.

➤ Aus Kurzgeschichte wird Kinderroman

Während wir noch mit diesem aufwändigen Projekt beschäftigt waren, brannte ich nach wie vor danach, endlich einmal etwas Größeres im erzählenden Kinderbuchbereich auf die Beine zu stellen. Ich hatte vor einiger Zeit eine in meinen Augen sehr witzige Kurzgeschichte produziert und diese unter anderem an die ehemalige junge Verlagsgründerin, die inzwischen bei einem Kinderbuchverlag als Lektorin arbeitete, geschickt. Diese hatte mich ermuntert, hatte in bewährter Weise konstruktive Kritik geübt und hatte mich wieder einmal hochgradig motiviert. Nur dass es diesmal zu einem guten Ende kam. Aus der Kurzgeschichte entwickelte sich in einem steten Gedankenaustausch ein Kinderroman, der schließlich das Licht der Öffentlichkeit erblickte.

Die Arbeit – parallel zum großen Sachbuchprojekt – machte mir allergrößten Spaß. Ich konnte das Schreiben kaum mehr lassen und marschierte einmal sogar mit Laptop ins Wartezimmer eines Arztes, um auch dort jede Minute zu nutzen.

So gut ich in dieser Zeit mit meinen Arbeiten voran kam, so anstrengend wurde das Leben mit dem jüngsten Mann am Platz. Er entwickelte sich zum energiegeladenen Wildfang und strapazierte meine Nerven. Andernteils – und das gebe ich gerne zu – lieferte er mir unzählige Ideen. Und so beschloss ich, ihm ein Denkmal im neuen Kinderroman zu setzen: Die Hauptfigur erhielt seinen Namen.

Doch da hatte ich die Rechnung ohne den Verlag gemacht. Meine Ideen schätzte man, den Roman akzeptierte man, aber der

Name, nein, mit dem konnte das Buch nun wirklich nicht erscheinen. Zähneknirschend stimmte ich der Änderung zu und gab meinem PC den Auftrag »Basti« durch »Lukas« zu ersetzen. Brav tat dieser wie geheißen, und dann entdeckte ich in letzter Minute die einzige Stelle, in der meine Hauptfigur mit dem vollen Namen angesprochen wurde. »SeLukasan« stand da, und das hätte sich wohl nicht ganz so gut im fertigen Buch gemacht.

Als ich gerade mitten in der Arbeit an diesem Kinderroman war, passierte mir eine kleine – aus Autorinnensicht gesehen sogar eine große – Katastrophe. Ich hatte den halben Tag am Buch gearbeitet und ging abends todmüde zu Bett. Im Einschlafen noch beschäftigte mich der Fortgang der Geschichte, und plötzlich kam mir eine Idee, von der ich geradezu entzückt war. Glücklich über diesen tollen Einfall, der mein Buch enorm weiterbringen würde, schlief ich ein. Als ich am nächsten Morgen erwachte, war sogleich die Erinnerung an die Superidee vom Vorabend wieder da, nicht aber die Idee selbst. Ich wusste noch genau, dass sie grandios gewesen war, aber ich wusste nicht mehr, was da so grandios gewesen war. Untröstlich verbrachte ich den Großteil des Tages mit Grübeln. Meine gute Laune war dahin, meine Kreativität zunächst auch. Nur am Rande bemerkt: Ich habe mich auch am nächsten Tag nicht mehr an die Idee erinnert. Deshalb: Immer Stift und Papier auf dem Nachttisch! Nie aus dem Haus ohne Schreibzeug!

TIPP

> Rechnen Sie zu jeder möglichen oder unmöglichen Situation mit guten Ideen.
> Seien Sie deshalb allzeit bereit, Stichpunkte zu notieren.
> Wenn Sie selbst gerade nicht können – zum Beispiel weil Sie am Steuer sitzen – lassen Sie Ihren Beifahrer notieren. Oder halten Sie an.

➤ Ein Auftritt im Fernsehen

Eines Tages erhielt ich einen Anruf vom Fernsehen! Man habe mein Buch *Heiteres Überlebenstraining für Tolpatsche* in Händen, plane gerade eine Talkshow zum Thema und sähe mich dort gerne als Gast, quasi als Fachfrau für Missgeschicke. Man zahle mir die Reise nach Hamburg und die Übernachtung im Promi-Hotel ... Selbstverständlich erhielte ich auch ein kleines Honorar für meinen Auftritt.

Ich zögerte. Ich dachte an den enormen Werbewert des Fernsehens. Ich dachte an das Baby, das ich noch immer stillte. Ich dachte an meine anderen beiden Kinder, die zum fraglichen Zeitpunkt Ferien haben würden. Ich dachte an eine mögliche Blamage. Womöglich fiele ich vor laufender Kamera über meine eigenen Füße, was dem Unterhaltungswert der Show, nicht aber meinem Selbstbewusstsein zugute kommen würde. Ich dachte und dachte und sprach mit meiner Nachbarin. Ja, sie käme gerne mit. Ja, sie passe während der Aufzeichnung gerne auf mein Baby auf. Wir könnten es uns doch so richtig schön dort machen, ganz egal, wie die Sendung würde.

Na also! Alle Bedenken zur Seite räumend, rief ich beim Sender an und erwähnte etwas von einem Baby, einer sittwilligen Nachbarin, deren zwei eigenen Kindern, meinen zwei weiteren Kindern ...

Zuletzt fuhren wir zu siebt in einem gut gefüllten Zugabteil gen Norden, hatten einen Heidenspaß bereits auf der Hinfahrt, bummelten mit Buggy durch die Hansestadt und wurden gegen Abend zum großen Ereignis mit einem Van abgeholt. Im Sender begegnete man uns ausgesprochen nett, was mich angesichts unseres Personenaufkommens stark überraschte. Die vier großen Kinder durften – zum ersten Mal in ihrem Leben – der Aufzeichnung einer echten Fernseh-Talkshow beiwohnen. Das kleine Kind durfte

unter Obhut meiner Nachbarin schlafen. Die wiederum durfte –
im Gegensatz zu mir und den anderen Talkshow-Gästen – Sekt
trinken. Ja, und ich, ich durfte warten.

Mit ungläubigem Entsetzen lauschte ich den Verlautbarungen
meiner Vorredner, stellte fest, dass ich in dieser Runde eher wenig
zu suchen hatte, fand aber den Absprung nicht mehr und landete
schließlich als letzte von sieben Teilnehmern – ohne zu stolpern
übrigens – auf dem letzten freien Stuhl. Die wenigen Minuten, die
noch blieben, brachten mir zwar die Möglichkeit, mein Büchlein
für Sekundenbruchteile in die Kamera zu halten, ansonsten aber
keinerlei Gelegenheit, auch nur eine einzige witzige Stelle zum
Besten zu geben, wie man es mir bei den Vorgesprächen zugesichert hatte.

Zunächst ärgerte ich mich. Als ich die Aufzeichnung sah, ver-
wünschte ich meine Schminktechnik, zu der mir die beiden Mas-
kenbildnerinnen vor dem Auftritt noch so sehr gratuliert hatten.
Später erfuhr ich auch noch, dass die Umsatzsteigerung durch diesen meinen Auftritt eher geringfügig zu nennen war.

Und dennoch: Wir denken alle noch heute gerne zurück an
diese Reise. Es war ein Erlebnis. Nicht mehr und nicht weniger.
Ach ja, und ein paar Prominente haben wir auch gesehen.

TIPP

> Setzen Sie nicht zu viel Hoffnung in einen Fernsehauftritt.
> Prüfen Sie genau, wofür Sie sich hergeben.
> Wenn Sie sich entschließen »aufzutreten«, versuchen Sie aus Ihrem Auftritt etwas Positives werden zu lassen, unabhängig davon, wie toll, erfolgreich, karrierefördernd er wird.

➢ Rezensionen

Je mehr Bücher von mir auf dem Markt waren, umso mehr Rezensionen erhielt ich über die Verlage. Wie schön war es, mein Buch in genau der Kinderzeitschrift besprochen zu sehen, die einer meiner Söhne abonniert hatte und in der ich selbst jahrelang ergriffen die Besprechungen anderer Bücher studiert hatte! Da hieß es über mein Buch:

»... Viele fantastische Einfälle ... verlocken zum Lesen.«
»Das Buch greift in amüsanter Weise die Lebens- und Gedankenwelt der Kinder auf. Wenn sich Lukas plastisch die Redewendungen der Erwachsenen vorstellt, wirkt dies sehr witzig. ... Das Buch ist aus der Sicht des Kindes geschrieben. Da Fantasie eindeutig zugelassen wird, kann sich dies positiv auf das Selbstbewusstsein des jungen Lesers auswirken. ... Das Lesen der Geschichte macht Spaß und fördert die Lesefreude.«

Das gefiel mir natürlich. Anfangs stürzte ich mich begierig auf die ersten Rezensionen, später wurde auch diese Lektüre Routine. Selbstverständlich interessiert es mich auch heute noch sehr, was andere über meine Werke denken, aber die Aufregung hat sich doch merklich abgekühlt. Leider auch die Euphorie nach einer außergewöhnlich guten Besprechung. Lobesworte, die mich vor zehn Jahren vor Erregung buchstäblich an die Decke hätten springen lassen, hefte ich heute lächelnd ab. Selbst heftige Kritik beschleunigt meinen Herzschlag heute nur noch kurzzeitig.

TIPP

> Nehmen Sie kritische Worte ernst, sich aber nicht allzu sehr zu Herzen.

➤ Lesungen

Als mein Kinderroman auf dem Markt war, begann ich mit Lesungen vor Schulklassen, in Büchereien und Buchhandlungen und stellte fest, dass mein Stil bei Kindern gut ankam. Es war ein überwältigendes Gefühl, wenn die Kinder an genau den Stellen in lautes Lachen ausbrachen, die ich selbst beim Schreiben bereits für besonders gelungen gehalten hatte.

Lesungen sind zum einen ein hübsches, für manche Autoren ein überaus nötiges Zubrot. Darüber hinaus sind Lesungen natürlich auch Werbung für Buch und Autor. Und sie sind eine Möglichkeit, mit der Zielgruppe ins Gespräch zu kommen.

Sie finden oft in Schulen statt, gerne auch in Buchhandlungen und Büchereien. Manchmal werden Sie ins Ferienprogramm einer Gemeinde mit aufgenommen.

Eine zentrale Rolle spielt hier der Friedrich-Bödecker-Kreis (Adresse im Anhang), der es sich zur Aufgabe gemacht hat, Lesungen von Autoren in Schulen zu fördern.

Näheres erfahren Sie im Internet und im aktuellen Autorenverzeichnis, das Sie bestellen können.

Welches Honorar für Lesungen Sie fordern können und wollen, hängt davon ab, wie begehrt Sie sind und wie hoch Sie Ihre Forderungen treiben wollen. Auch hierzu erfahren Sie einiges über den Friedrich-Bödecker-Kreis.

Was Sie im Auge behalten sollten:
- Wenn Sie »zu billig« lesen, weil Sie vielleicht nicht auf die Einnahmen durch Lesungen angewiesen sind, verderben Sie anderen Autoren den Markt und
- vermitteln Sie den Eindruck, als sei das Schreiben ein nettes Hobby, das in erster Linie Spaß macht. Es ist aber Arbeit, die Lohn verdient. Und Sie kennen ja sicher den Satz: Was nichts kostet, ist nichts wert.
- Wenn Sie sich zu teuer anbieten, bringen Sie sich vermutlich um Einnahme- und Werbechancen – es sei denn, Sie sind ein Erfolgsautor.

Bedenken Sie, bevor Sie Lesungen planen,
- dass Sie in den Stunden, in denen Sie (eine) Lesung(en) halten, nicht Ihrer Autorentätigkeit nachgehen können, was einen Verdienstausfall darstellt,
- dass Sie nach mehreren Lesungen zwar mehr Geld in der Tasche haben, aber erst mal erschöpft sind,
- dass Sie hin- und zurück reisen müssen, was Geld und Zeit kostet,

- dass Sie vielleicht sogar übernachten müssen,
- dass es sich lohnen könnte, mehrere Lesungen zu einer Lese-
  reise zu koppeln,
- dass die Einnahmen Brutto-Einnahmen sind.

Ich habe in den letzten Jahren viele Lesungen vor unzähligen
Kindern gehalten und bin in den meisten Fällen erschöpft, aber
beglückt nach manchmal mehreren Stunden abgereist. Hinterher
gab es meist schöne Zeitungsartikel, manchmal auch Briefe oder
E-Mails von Kindern und Eltern. Bereut habe ich keine meiner
Lesungen. Gewundert habe ich mich des öfteren. An manchen
Schulen ähnelte mein Auftritt einem Staatsempfang, an anderen musste ich mich Büchertaschen schleppend durchfragen,
wo denn hier meine Lesung stattfinden sollte. Oft wurde mein
Honorar ohne weiteres auf mein Konto überwiesen, manchmal
kippte man es mir in Münzform in die Handtasche, so wie es bei
einigen hundert Schülern eingesammelt worden war. Ich bin in
vielen Lehrerzimmern mit Speis und Trank verköstigt worden,
habe aber auch schon während der Pausen einsam und alleine in
Turnhallen gesessen.

Übrigens bedeutet für die meisten Autoren eine Lesung nicht
einfach eine Stunde »Vorlesen aus meinem aktuellen Buch«. Jeder
Autor hat da wohl seine ganz persönliche Art, eine Lesung zu gestalten. Ich selbst versuche nach Kräften mein Publikum mit ein-
zubeziehen. Das heißt: Ich stelle mich allen Fragen der Kinder, rei-
chere mit dem an, wovon ich denke, dass es Kinder interessieren
könnte und was ich für typisch im Hinblick aufs Bücherschreiben
halte. An einer oder mehreren Stellen, die mir passend erscheinen, lese ich Ausschnitte aus meinen Büchern. Meist bedauern
die Kinder dann, nicht zu erfahren, wie es weitergeht. Umso günstiger für die Lesemotivation, wenn bereits vorher mit den Lehr-
kräften vereinbart wurde, dass gerade dieses Buch Klassenlektüre

wird. Noch günstiger, wenn das Buch bereits im Klassensatz vorhanden ist. Es kann dann im Anschluss an die Lesung für jedes Kind signiert werden.

Wenn der Veranstalter eine örtliche Buchhandlung mit einbindet, kann auch ein Buchverkauf stattfinden – mit der Möglichkeit des Signierens. Die Kinder müssen dies aber vorher wissen, damit sie finanziell entsprechend ausgestattet sind.

TIPP

> Bemühen Sie sich um Lesungen, es sei denn, es graut Ihnen beim Anblick von massenweise auftretenden Kindern. Dann sollten Sie stattdessen lieber weiter für diese schreiben und nicht Lesungen halten!
> Rechnen Sie mit dem Schlimmsten, dann können Sie nur positiv überrascht werden.
> Bitten Sie vor Ihrer Lesung um ein Glas Wasser!

➤ Honorarabrechnungen: Nicht nur die Verkaufszahlen zählen

Insgesamt gesehen, verkaufte sich dieser erste Kinderroman von mir zwar lange nicht so gut, wie erhofft, dennoch brachte er für mich viele positive Rückmeldungen. Und weitere Projekte. Endlich hatte ich nämlich ein »richtiges« erzählendes Kinderbuch vorzuweisen.

Ich stellte – wie immer zunächst telefonisch – weitere Kontakte her und schickte den Roman gemeinsam mit Vita und Veröffentlichungsliste an verschiedene interessierte Verlage. Nicht nur einmal passierte es mir in der nächsten Zeit, dass ich einen Anruf bekam, der sich auf meinen Roman bezog. Meist war die Begeisterung groß, und man war an einer Zusammenarbeit mit mir interessiert.

Aus all diesen Kontakten ergaben sich weitere Projekte, die zum Teil wiederum weitere Projekte nach sich zogen. Meist waren es Kinderbücher, einige Male für Erstleser, die dabei entstanden. Manchmal aber setzte ich in Buchform fort, was ich in meinen mittlerweile unzähligen Zeitschriftenartikeln »geübt« hatte, humorvolles und informatives Schreiben für Erwachsene.

TIPP
> Nicht nur die Verkaufszahlen zählen. Manche Bücher öffnen neue Türen.

Zu den eher erfreulichen, manchmal leider auch ernüchternden Elementen des Autorendaseins zählen die Honorarabrechnungen. Manche Verlage rechnen zweimal, manche nur einmal im Jahr ab. Und jedes Mal ist es wieder spannend:
- Wie oft (oder selten) hat sich mein Buch verkauft?
- Übersteigt der Erlös die Vorauszahlung, sprich: Gibt es noch einmal Honorar?
- Wie viele Exemplare der laufenden Auflage sind noch vorhanden?

Wildwest-Verlag • Binsendorfer Str. 27 • D-84644 Batzing • Tel.: 0783/4332-45

Frau
Lilo Schlempfer Burgweg 3

D-76455 Murenberg

Batzing, 31.12.2002

**Honorarabrechnung nach Verkauf
für den Zeitraum vom 31. 12. 2001 bis 31. 12. 2002**

Autor: Schlempfer   Nr.: 006534

Titel: Das falsche Pferd

Anfangsbestand:	6.221	Ex.
Verkauf:	4.492	Ex.
Freistücke:	88	Ex.
Makulatur/Inventurausgleich:		Ex.
Ramsch:		Ex.
Zugänge:		Ex.
Endbestand:	1.641	Ex.

Verkauf	Ladenpreis €	Bemessungs-grundlage/€	Honorar in %	Stück-honorar/€	Betrag/€
4.492	14,80	13,83	4,00	0,55	2.470,60 €

		2.470,60 €
Ihr Anteil:	100 %	2.470,60 €

A. Summe Buchverkauf:	2.470,60 €
B. Summe Lizenzen/Nebenrechte:	0,00 €
Buchverkauf und Nebenrechte:	2.470,60 €
+ 7 % Mwst	0,00 €
	2.470, 60 €
. / . Vorauszahlung	2.000,00 €
. / . Saldo	
Summe:	470,60 €

Beispiel für eine Honorarabrechnung

➤ Verramschen und makulieren

Wenn sich herausstellt, dass sich das Buch nur mäßig verkauft hat, dann lässt sich eines nur noch für begrenzte Zeit aufhalten: das Ende des Buchs. Schnelllebigkeit des Buchgeschäfts, Titelflut, teure Lagerhaltung und noch etliches mehr bewirken, dass viele Kinderbücher nach wenigen Jahren vom Markt genommen werden. Dies kann im Vertrag bereits vorgesehen sein:

»Kann das Werk keine wirtschaftlich vertretbaren Umsätze mehr erreichen (300 Ex. pro Jahr), so ist der Verlag berechtigt, die Restauflage zu verramschen oder ganz oder teilweise zu makulieren.«

oder

»Der Verlag kann das Werk verramschen, wenn der Verkauf in zwei aufeinander folgenden Kalenderjahren unter 1.000 Exemplaren pro Jahr gelegen hat ... Erweist sich auch ein Absatz zum Ramschpreis als nicht durchführbar, kann der Verlag die Restauflage makulieren.«

Die Zahlen in diesen vertraglichen Vereinbarungen variieren, das Ergebnis ist meist dasselbe: Das Buch wird entweder verramscht, das heißt zum Billigpreis verschleudert oder es wird makuliert, das heißt eingestampft.

Normalerweise wird der Autor schriftlich informiert, wenn sein Buch in der einen oder anderen Form vom Markt genommen wird. Nicht nur mir ist es aber schon passiert, dass ein Buch spurlos verschwunden war. Ohne Ankündigung war plötzlich kein Exemplar mehr weit und breit erhältlich. Und das beim eigenen Buch!

TIPP

> Freuen Sie sich, wenn die Honorarabrechung Ihnen sagt, dass sich Ihr Buch gut verkauft hat.
> Grämen Sie sich nicht, wenn Ihr Buch nach einiger Zeit vom Markt verschwindet. Das ist normal.

➤ Und immer wieder: Neue Projekte

Die beste Möglichkeit, mich von einem meiner Bücher zu verabschieden, war die Arbeit an einem neuen Projekt.

Seit Jahren kann ich nun schon die immer wieder gestellte Frage »Schreiben Sie gerade an einem Buch?« mit einem ehrlichen »Ja!« beantworten. Das ist gut, das tut gut. Nach vorne schauen, neue Ideen, neue Hoffnungen!

Ich habe mich in all den Jahren aber nie festgelegt. Ich habe weiterhin eine bunte Mischung aus Beschäftigungsbuch, Kinderroman, Elternratgeber, Erstlesebuch, Mini-Bilderbuch, Sachbuch, Geschichtenbuch ... produziert.

Wenn es nicht um erzählende Kinderbücher ging, habe ich des öfteren in Koautorenschaft gearbeitet. Fast immer mit der gleichen Koautorin und immer mit guten Ergebnissen.

Die Ideen zu all diesen Werken kamen mal von mir, mal vom Verlag. Gegängelt fühlte ich mich selten. Selbst wenn von Verlagsseite gewisse Vorgaben inhaltlicher Art gemacht worden waren, löste gerade diese Vorgabe nicht selten ein wahres Inferno an Ideen aus.

Wenn mir eine Thematik aber nicht zusagte, verhehlte ich dies keinen Augenblick. Zu Pferde- oder Ballettbüchern zum Beispiel wäre mir wohl auch nach geraumer Grübelzeit nichts Passables eingefallen.

Beim Thema »Inline-Skaten« (siehe Exposé und Probekapitel) verhielt sich dies ganz anders. Bereits am Abend nach Verlagsanfrage saß ich in einem Schulkonzert meines Sohnes und – lauschte nicht etwa verzückt den schönen Klängen, sondern notierte verschämt Ideen.

Was dieses Projekt betrifft, ließ ich mich zur theoretischen Fachfrau für Inline-Skaten durch die bereits erwachsene Tochter von Bekannten ausbilden, die ein Ass auf vier Rollen ist. Zur Fachfrau – ebenfalls theoretisch – für Geigenspiel wiederum machte mich die Tochter anderer Bekannter, eine begnadete Geigenspielerin. Beide erhielten im Buch eine Widmung, ebenso wie meine Kinder, die mir bei diesem Projekt in besonderem Maße Ideen geliefert hatten.

Ein Problem allerdings machte mir gerade bei diesem Buch schwer zu schaffen. Ich hatte zwar Ideen im Übermaß, ich hatte auch Lust zum Schreiben, aber mir gelang zunächst kein guter Anfang. Ich saß und schwitzte und verwarf und schrieb neu und sehnte mich danach, endlich mitten im Geschehen zu sein und loslegen zu können. Irgendwann war der Bann dann gebrochen, aber bis es so weit war, durchlitt ich regelrechte Qualen.

Übrigens war es, was die Zeitschriften betraf, nicht bei den gelegentlichen Artikeln geblieben. In zwei Zeitschriften hatte ich für etliche Jahren eine feste Kolumne, die ich selbst aus Zeitgründen beenden musste. In beiden Fällen beteuerte man mir, es sei nicht einfach, eine adäquate Nachfolgerin zu finden – was ich als Kompliment nahm.

Dieses regelmäßige Plaudern aus dem familiären Nähkästchen hatte mir all die Jahre nicht nur Freude und Befriedigung gebracht, sondern mich auch immer wieder aufgefangen, wenn sich eine Flaute an Aufträgen oder Ideen ankündigte. War wieder eine Glosse gefaxt, später dann gemailt, fühlte ich mich jedes Mal befriedigt und war bereit zu neuen Taten.

Ich muss allerdings zugeben, dass mich früher gewaltige Panik befallen hat, wenn mein Kopf nicht auf Kommando produzieren wollte. »Jetzt ist es aus«, dachte ich dann, »jetzt fällt dir nichts mehr ein.«

Heute wage ich festzustellen, dass mich die Muse noch immer zum richtigen Zeitpunkt geküsst hat. Meine persönliche Art, ein paar Projekte gleichzeitig zu beackern, hat das ihre dazu getan. So habe ich jetzt auch dann ein recht beruhigtes Gefühl, wenn gute Ideen zunächst ausbleiben. »Es wird schon wieder«, denke ich, »es ist ja immer noch geworden.«

TIPP

> Lehnen Sie Vorgaben von Verlagsseite nicht von vorneherein als Gängelei ab, sondern nutzen Sie sie als Inspiration.

> Wenn Sie aber sicher sind, dass Sie mit einer Thematik nichts anfangen können, dann lassen Sie dies den Verlag unmissverständlich wissen.

> Verzagen oder verkrampfen Sie nicht, wenn gute Ideen ausbleiben, sondern versuchen Sie, sich abzulenken oder zwischenzeitlich etwas anderes anzupacken.

➤ Neue Themen durch neue Lebensumstände

So wie ich damals die Idee zu meiner ersten Kindergeschichte dem drolligen Kinderspiel meines Erstgeborenen bei Freunden zu verdanken hatte, so haben neue Erfahrungen natürlich immer wieder neue Ideen ausgelöst. Mittlerweile befanden sich meine Söhne in der für Eltern und Kinder unvergesslichen Zeit der »Pubertät«. Wen könnte es da verwundern, dass ich dann mal nicht mit einem Kinderbuch, sondern mit einem Buch über Pubertät beschäftigt war?

Kein typischer Ratgeber übrigens, denn solche Bücher passen nicht zu mir. Ich käme mir allzu besserwisserisch vor, hätte das Gefühl, dem Leser weiszumachen: Ich weiß genau, wo es lang es geht. Man müsse nur ... und dürfe nicht ..., dann werde schon alles recht. So bin ich nicht, und so will ich auch nicht schreiben. Wie ich aber bin, was mir wichtig ist, das bemühe ich mich auch, in meinem Schreiben an den Leser zu bringen:

Ehrlich zu den eigenen Unzulänglichkeiten stehen, anderen vermitteln, dass trotz besten Bemühens in jedem Leben so einiges schief läuft, den Kopf nur kurzfristig hängen lassen, versuchen, auch scheinbar verfahrenen Situationen etwas – Komik oder Zugewinn an Erfahrung – abzugewinnen, sich selbst nicht zu ernst nehmen ...

TIPP

> Nutzen Sie Ihre persönlichen Erfahrungen und Lebensumstände für Ihre Schreibprojekte, wenn sich die Gelegenheit ergibt.
> Bleiben Sie sich selbst treu.

Statt eines Nachworts
Interview mit der Autorin Nina Schindler

Nina Schindler ist verheiratet, hat fünf Kinder und arbeitet seit fünfzehn Jahren als freie Autorin und Übersetzerin. Mit ihren Büchern hatte sie auf Anhieb großen Erfolg bei verschiedenen renommierten Buchverlagen, wie Bertelsmann, Arena, Gerstenberg.

Wie und wann ging es bei Ihnen los mit dem Schreiben?

Ich habe immer gern geschrieben und als Schülerin für meine Aufsätze gute bis sehr gute Zensuren bekommen. Auch Literatur war immer schon meine Leidenschaft, aber eher passiv.

Dann begann ich das Lehrerstudium mit dem Schwerpunkt »Kinder- und Jugendliteratur«. Ziemlich bald auch schon verfasste ich erste Rezensionen im Rahmen der GEW. Mein Interesse an Kinder- und Jugendliteratur wurde immer größer, so dass ich dem »Roten Elefanten«, dem »Arbeitskreis für Kinder- und Jugendliteratur« (AKJ) und anderen Vereinen beitrat, die sich mit der Förderung von Kinder- und Jugendliteratur befassen. Jetzt erschienen auch die ersten Publikationen in Fachzeitschriften. Dies waren nun nicht mehr nur Rezensionen, sondern auch Überblicke über bestimmte Genres. Regelmäßig arbeitete ich an der Zeitschrift »Eselsohr« mit und verfasste Beiträge in anderen Fachorganen.

Wann und aus welchem Anlass fingen Sie so »richtig« an mit dem Schreiben?

Nach 20 Jahren Lehrerei mit diesen ganzen Extra-Beschäftigungen wie Organisation von Tagungen, Seminaren, Workshops, Halten von Referaten und Beiträgen für den Funk und für Illustrierte (Brigitte, Young Miss) und Tageszeitungen hatte ich die Idee für ein Buch. Mittlerweile waren so viele schlechte Bücher über meinen

Schreibtisch gewandert, dass ich wütend dachte: Das müsstest du doch auch können – und vielleicht sogar besser ...

Was war Ihre erste Veröffentlichung?
»Input«, 1992, eine Computer-Liebesgeschichte. Ich hatte zwei Drittel fertig und gab es meinem Ältesten, der damals 20 war, zu lesen. Mit klopfendem Herzen wartete ich auf sein Urteil. Das war ein knurriges »Wie geht's denn weiter? Würde ich gern wissen.« Daraufhin hab ich es zu Ende geschrieben, einem Verlegerfreund angeboten und der hat es sofort genommen.

Was könnte man als ersten großen Erfolg bezeichnen?
Erfolg ist schwierig zu beziffern oder zu definieren. Es gibt Erfolge bei Kritikern und es gibt Erfolge in Verkaufszahlen oder durch Einladungen zu Lesungen. Von den Verkaufzahlen ist mein *Mordsbuch. Alles über Krimis* ganz passabel. Ansonsten vielleicht *Geliebte Brieffeindin* (Bertelsmann, mit Rosie Rushton), denn das ging ganz gut als Hardcover in England und hier, noch besser geht es als Taschenbuch in beiden Ländern und am besten in der dritten deutsch/englischen Ausgabe. Überrascht bin ich von dem Erfolg meiner Erstleserserie *Freda-Geschichten*, die sehr gut ankommt.

Gab es eine Art »Meilenstein« in Ihrer Entwicklung zur Kinderbuchautorin?
Meilenstein? Hm. Ich habe mehr als 20 Jahre lang meinen Kindern Unmassen von Büchern vorgelesen. Sogar jetzt lesen wir manchmal bei langweiligen, leisen Arbeiten wie Wändestreichen Bücher vor, nur sind es heute natürlich andere ... Meilensteine waren wohl auch immer Bücher, die sehr große Freude beim Lesen machten und den Wunsch weckten: Schön, wenn dir das auch gelänge ...
Ich habe ja immer auch übersetzt – inzwischen über 80 Bücher –

aber das mache ich jetzt nur noch bei Büchern, die ich erstens toll finde und zweitens nie selber schreiben würde, zum Beispiel Fantasy, andere Kulturen etc. Das Übersetzen hat meine Wahrnehmung für »meine« Themen sehr geschärft.

Vielleicht kann man es so sagen: Ich fand es sehr befriedigend und fröhlich, dass sich meine Bücher gut verkauften und dass viele Verlage Geschichten von mir wollten. An den 2. und 3. Auflagen sehe ich, dass es gut läuft und dass ich mir weiterhin Butter aufs Brötchen schmieren kann. Witzig finde ich die Rückmeldungen durch meine Kinder, die vielen Nichten und Neffen und FreundInnen meiner Kinder. Die nehme ich auch sehr ernst, genau wie bei Lesungen. Aber da hört man fast nur positive Kritik.

Wann und mit welchem Beweggrund machten Sie das Schreiben zum Hauptberuf?

Ich hatte die Schule satt. Die Gesamtschule, für die ich mal angetreten war, war zu einer kaum noch erkennbaren Schulmissform zusammengeschrumpft, und ich wollte auch nicht mehr zwei Kopf größeren unverschämten Jungmännern so was wie Manieren beibringen, von Vokabeln oder Kommaregeln ganz zu schweigen. Ich glaube, bei jeder Arbeit mit lebendigen Menschen erreicht man eine Grenze, manche nennen das »Burnout«, für mich war es der Wunsch, andere Fähigkeiten zu erforschen und zu entwickeln, zumal ich ja schon mehr als zehn Jahre lang diese Dinge gemacht hatte – neben der Schule oder integriert. Meine Schüler mussten sich immer viel mit Literatur rumplagen ...

Wie kommen Sie auf Ihre Ideen?

Jedes Buch ist eine Mischung aus Erlebtem, Beobachtetem und Phantasiertem. Die jeweiligen Anteile sind immer unterschiedlich, aber *etwas* von allen dreien ist immer drin. Bei mir überwiegt wohl meistens das Beobachtete. Mich reizen starke Gefühle, Humor und Alltag: Daraus Geschichten zu spinnen, macht Spaß und ist anstrengend, wie schon Karl Valentin richtig bemerkte. »Kunst ist schön, macht aber viel Arbeit.« Ob es Kunst ist, weiß ich nicht, glaub ich nicht. Wenn aber Kinder mir schreiben, wie gut sie sich in den Geschichten aufgehoben fühlten, dann wärmt das sehr.

Können Sie heute sagen, wie Sie das Schreiben »gelernt« haben?

Ich hatte einen hervorragenden Deutschunterricht, in dem man den richtigen Gebrauch der Adverbien noch gelernt hat, das Bauen von Sätzen und das Weglassen überflüssiger Schnörkel. Daran habe ich immer festgehalten und versuche, die Standards zu wahren. Die Auswüchse der falschen »Übersetzungen« wie: etwas »macht Sinn« und gedankenlose Verballhornungen oder die Verwendung von Infinitivkonstruktionen anstelle unserer wunderbaren zusammengesetzten Substantive machen mich wütend.

Welchen Rat würden Sie heute Menschen geben, die gerne Kinderbuchautor werden möchten?

Mein Rat? Erwartet nicht, reich zu werden. Ihr braucht noch einen Broterwerbsberuf, daneben könnt ihr mit dem Schreiben loslegen und schauen, ob es klappt. Es hilft natürlich, wenn man sich auf dem Buchmarkt und bei den Verlagsprofilen auskennt, um zu wissen, wem man was anbietet.

Ansonsten: Sich umschauen und Menschen beobachten, in ihre Haut schlüpfen, und ihnen Erlebnisse, schließlich Schicksale andichten ... Wenn es dann gelingt, die Sprache dem Thema anzupassen und eine Einheit aus Inhalt und Form herzustellen, hat man was Tolles geschafft. Aber das ist selten, nicht mal Astrid Lindgren ist es in allen Büchern gelungen. Da unterscheidet sich die Kinder- und Jugendliteratur überhaupt nicht von Erwachsenenliteratur.

Mir wird zum Beispiel immer wieder – mal lobend, mal rügend –

nachgesagt, ich würde Jugendslang oder -jargon verwenden. Das stimmt nicht. Ich sehe den Kindern und Jugendlichen schon aufs Maul und hör gut hin, aber meine Erzählsprache ist eine Kunstsprache, die ist NIE total O-Ton, denn das wäre keine lesbare Sprache. Selbst ein innerer Monolog, wie zum Beispiel bei Kirsten Boie in *Ich ganz cool*, in gesprochener Sprache ist Kunstsprache. Sonst brauchte man ja nur Tonbänder zu transkribieren.

Aber eines stört mich bei Ihrer Frage. Warum unbedingt KINDERbuchautorin? Ich finde die Eingrenzung a priori bedenklich. Ich schreibe für alle: Bilderbücher, Erstlesebücher, Kinderbücher, Jugendbücher, Krimis und gebe Bücher heraus oder texte Bildbände ...

MEIN TIPP:

Erst mal eine Geschichte ins Visier nehmen, planen, mit Fleisch füllen und aufschreiben. Gute Geschichten richten sich eigentlich an alle Altersstufen ... aber das ist die Ausnahme, klar.

Nina Schindler lebt mit Mann und fünf Kindern in Bremen und arbeitete viele Jahre lang als Lehrerin an einer Gesamtschule und gleichzeitig als Literaturkritikerin für Zeitschriften und Rundfunk und hielt Vorträge über Kinder- und Jugendmedien. Sie hat zahlreiche Kinder- und Jugendbücher geschrieben, außerdem übersetzt sie aus dem Englischen und Französischen Kinder- und Jugendbücher, verfasst Kurzkrimis, übersetzt Kriminal- und andere Romane und schreibt oder gibt Bücher für Erwachsene heraus.

Anhang
Kinder- und Jugendbuchverlage

Arena Verlag GmbH
Rottendorfer Str. 16
97074 Würzburg
Tel. 0931 - 796 44 - 0
Fax: 0931 - 796 44 - 13
Internet: www.arena-verlag.de
Verlagsleitung:
Albrecht Oldenbourg
Kurzcharakteristik:
Kinder- und Jugendbuch
Gründungsjahr: 1949
Verlagsgruppe:
Westermann Verlagsgruppe
Lieferbare Titel im Kinder- und Jugendbuchbereich: 2800
Novitäten p.a.: 500
Verlagsprogramm: Kinderbücher, Pappbilderbuch, Jugendbücher, Erstlesebücher, Sachbuch, Vorschul-, Grundschulprogramm, Lernspiele, Beschäftigung, Romane für junge Erwachsene, Taschenbuch
Lektorat: Christiane Düring (Arena-Kinder- und Jugendbuch, Arena Taschenbuch), Isa-Maria Röhrig-Roth (Arena Sachbuch, Erstleser, Beschäftigung, Lernspiel, Bilderbuch)
Art des Ms.-Interesses: Alle Genres der Kinder- und Jugendliteratur
Ms.-Angebote: als Exposé mit Textprobe
Medium: Papierausdruck
Ms.-Rücksendung: ja, nur bei Rückporto

arsEdition GmbH
Friedrichstr. 9
80801 München
Tel. 089 - 38 10 06 - 0
Fax: 089 - 38 10 06 - 58
E-Mail: verlag@arsedition.de
Internet: www.arsedition.de
Verleger: Michael Schweins
Verlagsleitung: Josef Rödel (Kaufm. Leiter)
Kurzcharakteristik: Kinderbuch, Geschenkbuch
Gründungsjahr: 1896
Verlagsgruppe: Bonnier
Ms.-Angebote: Manuskripte bitte an »Lektorat« adressieren
Medium: Papierausdruck
Ms.-Rücksendung: nein

Atlantis/Orell Füssli Verlag
Dietzingerstr. 3
CH-8036 Zürich/Schweiz
Tel. +41 (0)1 - 466 77 11
Fax: +41 (0)1 - 466 74 12
E-Mail: info@ofv.ch
Internet: www.ofv.ch
Programmleiter:
Hans ten Doornkaat
Verlagsprogramm: Atlantis Kinderbücher setzen inhaltlich und grafisch Akzente. Bilderbücher junger Illustratorinnen und Illustratoren, die neue Wege suchen, bilden einen Schwerpunkt.

Aufbau-Verlag GmbH & Co KG
Lindenstr. 20-25
10969 Berlin
Tel. 030 - 283 94 - 0
Fax: 030 - 283 94 - 100
E-Mail: info@aufbau-verlag.de
Internet: www.aufbau-verlag.de
Geschäftsführer Programm:
René Strien
Kurzcharakteristik:
Gründungsjahr: 1945
Lieferbare Titel im Kinder- und
Jugendbuchbereich: 62
Novitäten p.a.: 6
Verlagsprogramm: Bilderbücher
Lektorat: Heike Clemens
Art des Ms.-Interesses:
Bilderbuchtexte
Ms.-Angebote: als Exposé mit Text-
bzw. Arbeitsprobe von 5-10 Seiten
Medium: Papierausdruck
Ms.-Rücksendung: ja, bei Rück-
porto

Bajazzo Verlag
Obere Zäune 18
CH-8001 Zürich/Schweiz
Tel. +41 (0)44 - 251 00 46
Fax: +41 (0)44 - 252 00 48
E-Mail: bajazzo@mails.ch
Internet: www.bajazzoverlag.ch
Verleger/in: Ingrid Rösli,
Thomas Minssen
Verlagsleitung: Ingrid Rösli
Gründungsjahr: 1997
Lieferbare Titel im Kinder- und
Jugendbuchbereich: 40
Novitäten p.a.: 11
Verlagsprogramm: Bilderbuchge-
schichten für Vorschulalter (max.
6 Mauskriptseiten), erzählende
Literatur für Kinder zwischen 8
und 12 Jahren

Lektorat: Thomas Minssen
Art des Ms.-Interesses: Jugend-
und Kinderbücher
Ms.-Angebote: nach vorheriger
telefonischer Anfrage
Medium: als Exposé mit Text-
probe von 10 Seiten (erzählende
Literatur), als Manuskript (Bilder-
bücher)
Ms.-Rücksendung: nein

Baumhaus Verlag GmbH
Ludwigstr. 33-37
60327 Frankfurt am Main
Tel. 069 - 97 77 67 - 0
Fax: 069 - 97 77 67 - 67
E-Mail: mailbox@baumhaus-verlag.de
Internet: www.baumhaus-verlag.de
Verleger: Bodo Horn-Rumold
Verlagsleitung: Bodo Horn-
Rumold, Michael Becker
Kurzcharakteristik: Baumhaus ist
auf dem deutschen Markt und
im internationalen Lizenzge-
schäft tätig. Zu den wichtigsten
Figuren gehören »Laura Stern«,
»Lena & Paul«, »Die Wilden Fuß-
ballkerle« und »Kaya - frei und
stark«.
Gründungsjahr: 1986
Lieferbare Titel im Kinder- und
Jugendbuchbereich: ca. 600
Novitäten p.a.: ca. 120
Verlagsprogramm: Kinder-Bilder-
bücher, Erstleser Bücher, Ton-
träger, Jugendbücher (8-12 J.)
Lektorat: Programmleitung:
Harald Kiesel
Ms.-Angebote: als Exposé
mit Textprobe
Medium: Papierausdruck
Ms.-Rücksendung:
ja, bei Rückporto

Verlag Beltz & Gelberg

Werderstr. 10
69469 Weinheim
Tel. 06201 - 60 07 - 0
Fax: 06201 - 174 64
E-Mail: info@beltz.de
Internet: www.beltz.de
Verlegerin: Marianne Rübelmann
Verlagsleitung: Petra Albers
Kurzcharakteristik: anspruchs-
volles Bilderbuch, Kinder- und
Jugendbuch sowie Sachbuch
Gründungsjahr: 1971
Verlagsgruppe: Beltz
*Lieferbare Titel im Kinder- und
Jugendbuchbereich:* 800
Novitäten p.a.: 70
Verlagsprogramm: Jugendbücher,
Jugendsachbücher, Kinderbücher
Lektorat: Silvia Bartholl, Barbara
Gelberg, Julia Röhlig, Corinna
Schiller, Stefanie Schweizer,
Beatrice Wallis, Christian
Walther
Art des Ms.-Interesses:
in den o.g. Bereichen
Medium: ausschließlich Papier-
ausdruck
Ms.-Rücksendung: ja

Annette Betz Verlag

Alser Str. 24
A-1030 Wien/Österreich
Tel. +43 (0)1 - 40 44 40
Fax: +43 (0)1 - 40 44 45
E-Mail: office@ueberreuter.at
Internet: www.annettebetz.com
Verleger: Dr. Fritz Panzer
Verlagsleitung: Dr. Fritz Panzer
Kurzcharakteristik: Der Annette
Betz Verlag veröffentlicht Bücher
für Kinder von 3-8 Jahren
Gründungsjahr: 1958 in München
Verlagsgruppe: Verlag Carl
Ueberreuter GmbH
*Lieferbare Titel im Kinder- und
Jugendbuchbereich:* ca. 200
Novitäten p.a.: ca. 40
Verlagsprogramm: Erzählendes
Bilderbuch, musikalisches Bilder-
buch, Sachbuch, Hausbuch
Lektorat: Programmleitung:
Mag. Irmgard Harrer; *Lektorat:*
Mag. Philipp Rissel
Art des Ms.-Interesses:
Erzählendes Bilderbuch
Ms.-Angebote: kurze Inhalts-
angabe und max. 5 Manuskript-
seiten
Medium: Papierausdruck
oder per E-Mail
Ms.-Rücksendung: nein

Bibliographisches Institut & F.A. Brockhaus AG

Dudenstr. 6
68167 Mannheim
Tel. 0621 - 39 01 01
Fax: 0621 - 390 13 91
Internet: www.duden.de, www.
brockhaus.de, www.bifab.de
Verlagsleitung: Kinder- und
Jugendbuch/Schule und Lernen:
Frau Ulla Behrendt-Roden
Kurzcharakteristik:
Gründungsjahr: 1826 in Gotha
*Lieferbare Titel im Kinder- und
Jugendbuchbereich:* 800
Novitäten p.a.: 100
Verlagsprogramm: Fachgebiete:
Allgemeine Geschichte, Zeitge-
schichte, Lernhilfen, Lexika, Kin-
der- und Jugendbücher, Atlanten
und andere Nachschlagewerke,
auch auf elektronischen Medien
Lektorat: christina.braun@bifab.de

de, andrea.essers@bifab.de,
caroline.lerch@bifab.de,
nina.schiefelbein@bifab.de,
eva.guenkinger@bifab.de,
katja.schueler@bifab.de
Ms.-Angebote: erwünscht nach
vorheriger telefonischer Anfrage
Medium: Papierausdruck
Ms.-Rücksendung:
ja, bei Rückporto

**Bibliographisches Institut
& F.A. Brockhaus AG**
Lesedetektive Duden
Dudenstraße 6
68167 Mannheim
Tel. 0621 - 3901-01
Fax: 0621 - 3901 565
E-Mail: gudrun.schubert@bifob.de
Internet: www.duden.de
Verlagsleitung: Ulla Behrendt-
Roden
*Lieferbare Titel im Kinder- und
Jugendbuchbereich:* 320
Novitäten p.a.: 120
Verlagsprogramm: Kinderbücher
Lektorat: Nena Schiefelbein
Art des Ms.-Interesses: belletristi-
sche Kinderbücher, Sachbücher
Medium: Papier oder Datenträger
Ms.-Rücksendung: nicht bei
unverlangt eingesandten Manu-
skripten ohne frankierten Rück-
umschlag

Bohem Press
Hardturmstr. 122
CH-8005 Zürich/Schweiz
Tel. 06254 - 94 29 32
Fax: 06254 - 94 29 31
E-Mail: becker.verlagsberatung
@t-online.de
Internet: www.bohem.ch

Verlagsleitung: Michael Becker
Gründungsjahr: 1973
*Lieferbare Titel im Kinder- und
Jugendbuchbereich:* 110
Novitäten p.a.: 10
Verlagsprogramm: Bilderbücher,
erzählende Bilderbücher,
Romane
Art des Ms.-Interesses: Bilderbuch-
texte für 4-6-Jährige, Texte für
Kinder ab 7 Jahre
Medium: Papier
Ms.-Rücksendung:
ja, bei Rückporto

Boje Verlag GmbH
Emil-Hoffmann-Str. 1
50996 Köln
Tel. 02236 - 39 99-0
Fax: 02236 - 39 99-97
E-Mail: info@boje-verlag.de
Internet: www.boje-verlag.de
Verleger: Jürgen Horbach,
Ulrich Störiko-Blume
Gründungsjahr: 1932
Verlagsgruppe: VEMAG Verlags-
und Medien AG, Köln
Verlagsprogramm: Bilderbücher,
erzählendes Kinder- und Jugend-
buch, Sach- und Aktivbücher.
Die Altersgruppen, die wir mit
unserem Programm ansprechen,
reichen von 3 bis 12-Jahren.
Ms.-Angebote: nach vorheriger
telefonischer Anfrage, als Manu-
skript
Medium: Papierausdruck
Ms.-Rücksendung:
ja, Rückporto erwünscht

Campus Verlag
- Jugendbuch -
Kurfürstenstr. 49
60486 Frankfurt am Main
Tel. 069 - 97 65 16 - 0
Fax: 069 - 97 65 16 - 78
E-Mail: info@campus.de
Internet: www.campus.de
Verleger: Thomas Carl Schwoerer
Verlagsleitung: Thomas Carl
Schwoerer, Annette C. Anton,
Joachim Bischofs
Gründungsjahr: 1975
Lieferbare Titel im Kinder- und
Jugendbuchbereich: 25
Novitäten p.a.: 240
Verlagsprogramm: Sachbuch
Jugendbuch
Lektorat: Andrea Kohlgraf
Art des Ms.-Interesses:
Sachthemen
Ms.-Angebote: nach vorheriger
telefonischer Anfrage, als Exposé
mit Textprobe von 15 Seiten
Medium: Papierausdruck
Ms.-Rücksendung:
ja, bei Rückporto

Carlsen Verlag GmbH
Völckersstr. 14 - 20
22765 Hamburg
Tel. 040 - 398 04 - 0
Fax: 040 - 398 04 - 390
E-Mail: info@carlsen.de
Internet: www.carlsen.de
Verleger: Klaus Humann
Verlagsleitung:
Joachim Kaufmann
Gründungsjahr: 1953
Verlagsgruppe: Bonnier Media
Deutschland GmbH
Lieferbare Titel im Kinder- und
Jugendbuchbereich: ca. 920

Novitäten p.a.:
ca. 150 pro Programm
Verlagsprogramm: Bilderbuch,
erzählendes Programm,
Taschenbuch, Comic und Manga,
Cartoon und Humor
Lektorat: Barbara König (Kinder-
und Jugendbuch); Ralf Keiser
(Comic); Anne Bender (Taschen-
buch), Kai Steffen Schwarz
(Manga); Franz Kühne (Marken),
Oliver Domzalski (Cartoon und
Humor)
Ms.-Angebote: als Exposé mit
Textprobe von 20 Seiten, als
Manuskript
Medium: Papierausdruck
Ms.-Rücksendung: nein

cbj Kinder und Jugendbücher
Neumarkter Str. 28
81673 München
Tel. 089 - 41 36 - 0
Fax: 089 - 41 36 - 333
E-Mail: info@randomhouse.de
Internet: www.randomhouse.de
Verlagsleitung: Klaus Eck
Verlagsgruppe: Verlagsgruppe
Random House
Verlagsprogramm: Kinder- und
Jugendbuch

Coppenrath Verlag GmbH &
Co. KG
Hafenweg 30
48155 Münster
Tel. 0251 - 414 11 - 0
Fax: 0251 - 414 11 - 20
E-Mail: info@coppenrath.de
Internet: www.coppenrath.de
Verleger: Wolfgang Hölker
*Verlagsleitung:*Wolfgang Foerster
Gründungsjahr: 1768

Verlagsprogramm: Kinderbücher, Bilderbücher, Geschenkbücher, Stoff- und Pappbücher, Alben, Non-Book-Artikel, Adventskalender
Lektorat: Maike Maschner (Pappbilderbuch), Nicola Dröge (Bilderbuch, Erzählendes Kinderbuch), Gerlinde Kemper (Alben & Adventskalender), Annette Güthner (Sachbuch), Kristina Schäfer (Geschenkbuch)
Art des Ms.-Interesses: Bilderbuch, Erzählendes Kinderbuch, Kindersachbuch
Ms.-Angebote: nach vorheriger telefonischer Anfrage
Medium: Papierausdruck
Ms.-Rücksendung: ja, bei Rückporto

Dorling Kindersley Verlag
Arnulfstr. 124
80636 München
Tel. 089 - 442326-0
Fax: 089 - 442326-400
E-Mail: info@dk-germany.de
Internet: www.dk.com
Geschäftsführer: Andrew Phillips
Programmleitung: Monika Schlitzer
Gründungsjahr: 1999
Verlagsgruppe: Tochter des englischen DK Verlags
Lieferbare Titel im Kinder- und Jugendbuchbereich: 250
Novitäten p.a.: 70
Verlagsprogramm: Sach- und Spielbücher für Kinder
Lektorat: Martina Glöde
Art des Ms.-Interesses: Ausschließlich Sachbücher. Eigenentwicklungen nur im Ausnahmefall.

Ms.-Angebote: als Exposé
Medium: Papierausdruck, E-Mail
Ms.-Rücksendung: ja, bei Rückporto

Cecilie Dressler Verlag GmbH & Co. KG
Poppenbütteler Chaussee 53
22397 Hamburg
Tel. 040 - 607 909 03
Fax: 040 - 607 23 26
E-Mail: dressler@verlagsgruppe-oetinger.de
Internet: www.cecilie-dressler.de
Verleger/in: Silke Weitendorf, Jan Weitendorf
Verlagsgruppe: Verlagsgruppe Oetinger
Verlagsprogramm: Kinder- und Jugendbuch
Lektorat: Imke Ahrens (Programmleitung), Linde Müller, Astrid Muschkowski, Susanne Ramirez Sanchez
Ms.-Angebote: Geschichten oder Illustrationen als Papierausdruck (bei Illustrationen Farbkopien) an das Lektorat schicken (keine CD, keinen E-Mail-Anhang o.ä.). Texte sollten mit Computer (Maschine) geschrieben sein, einseitig, mindestens 1 1/2-zeilig, mit einer Schriftgröße von mindestens 12 Punkt. Exposé (Inhaltsangabe) und Leseprobe von ca. 2, 3 Kapiteln genügen für einen ersten Eindruck.
Ms-Rücksendungen: Nur bei frankierten und adressiertem Rückumschlag

dtv junior
Friedrichstr. 1a
80801 München
Tel. 089 - 381 67 - 0
Fax: 089 - 381 67-751
E-Mail: junior@dtv.de
Internet: www.dtvjunior.de
Verleger: Wolfgang Balk
Verlagsleitung: Anne Schieckel
Gründungsjahr: 1971
Lieferbare Titel im Kinder- und Jugendbuchbereich: 550
Novitäten p.a.: 80
Verlagsprogramm: Jugendbücher, Kinderbücher, Erzählende Jugend-Sachbücher
Lektorat: Dagmar Kalinke (Dw -284, kalinke.dagmar@dtv.de), Maria Rutenfranz (Dw -286, rutenfranz.maria@dtv.de), Katja Korintenberg (Dw -288, korintenberg.katja@dtv.de), Tanja Poestges (Dw -283, poestges.tanja@dtv.de), Bettina Neu (Dw -289, neu.bettina@dtv.de), An
Ms.-Angebote: nach vorheriger telefonischer Anfrage, als Exposé mit Textprobe, als Manuskript
Medium: Papierausdruck
Ms.-Rücksendung: ja

edition zweihorn
Riedelsbach 46
94089 Neureichenau
Tel. 08583 - 24 54
Fax: 08583 - 914 35
E-Mail: edition-zweihorn@web.de
Internet: www.edition-zweihorn.de
Verleger/in: Gerhard Kälberer
Verlagsleitung: Gerhard Kälberer
Kurzcharakteristik: Der Verlag mit den mutigen Themen
Gründungsjahr: 2000

Lieferbare Titel im Kinder- und Jugendbuchbereich: 45
Novitäten p.a.: 6-8
Verlagsprogramm: Belletristik, Humor, Kinderbücher, Kunst, Grafik, Jugendbücher
Lektorat: Nadja Runschke, Ursula Kälberer
Art des Ms.-Interesses: Alle Genres der Kinder- und Jugendliteratur
Ms.-Angebote: nach vorheriger telefonischer Anfrage, als Manuskript
Medium: Als PDF
Ms.-Rücksendung: nein

Egmont Verlagsgesellschaften mbH SchneiderBuch
Gertrudenstr. 30-36
50667 Köln
Tel. 0221 - 208 11-0
Fax: 0221 - 208 11-99
E-Mail: info@schneiderbuch.de
Internet: www.schneiderbuch.de
Verlagsleitung: Frank Knau, Klaus Thorsten Firnig
Kurzcharakteristik: Kinder- und Jugendbuchverlag mit Schwerpunkt Mädchenbuch, Pferdebuch, Abenteuer, Fantasy, Filmbuch
Gründungsjahr: 1913
Verlagsgruppe: Egmont Verlagsgesellschaften mbH
Lieferbare Titel im Kinder- und Jugendbuchbereich: ca. 750
Novitäten p.a.: 80-100
Verlagsprogramm: Kinder und Jugendbücher (7-12 Jahre)
Lektorat: Gabi Strobel (Leitung)
Medium: Exposé/Kapitelprobe als Papierausdruck, keine Mails
Ms.-Rücksendung: ja, nur bei Rückporto

**Verlag Heinrich Ellermann
GmbH**
Poppenbütteler Chaussee 53
22397 Hamburg
Tel. 040 - 607 909 08
Fax: 040 - 607 23 26
E-Mail: ellermann@verlagsgruppe-
oetinger.de
Internet: www.ellermann.de
Verleger: Jan Weitendorf,
Markus Niesen
Verlagsgruppe: Verlagsgruppe
Oetinger
Verlagsprogramm: Kinder- und
Jugendbuch
Lektorat: Eva-Maria Kulka,
Corinna Küpper, Claudia Müller,
Frauke Reitze
Ms.-Angebote: Geschichten oder
Illustrationen als Papierausdruck
(bei Illustrationen Farbkopien)
an das Lektorat schicken (keine
CD, keinen E-Mail-Anhang o.ä.).
Texte sollten mit Computer
(Maschine) geschrieben sein, ein-
seitig, mindestens 1 1/2-zeilig,
mit einer Schriftgröße von min-
destens 12 Punkt.
Exposé (Inhaltsangabe) und Lese-
probe von ca. 2, 3 Kapiteln genü-
gen für einen ersten Eindruck.
Ms-Rücksendungen: Nur bei frankierten und adressiertem Rückumschlag

**Esslinger Verlag J. F. Schreiber
GmbH**
Postfach 10 03 25
73703 Esslingen
Tel. 0711 - 31 05 94 - 6
Fax: 0711 - 31 05 94 - 77
E-Mail: mail@esslinger.verlag.de
Internet: www.esslinger-verlag.de

Verlagsleitung: David Klett
Gründungsjahr: 1831
Verlagsgruppe: Klett-Verlagsgruppe
*Lieferbare Titel im Kinder- und
Jugendbuchbereich:* 300
Novitäten p.a.: 60
Verlagsprogramm: Kinderbücher,
Bilder- und Märchenbücher,
Reprints, Sachbücher
Lektorat: Sabine Frankholz,
Urte Fiutak, Sylvia Danzinger,
Nina Strugholz
Sibylle Schumann
Ms.-Angebote: als Exposé, als
Manuskript
Medium: Papierausdruck
Ms.-Rücksendung:
ja, bei Rückporto

Finken-Verlag GmbH
Zimmersmühlenweg 40
61440 Oberursel
Tel. 06171 - 63 88 - 0
Fax: 06171 - 63 88 44
E-Mail: info@finken.de
Internet: www.finken.de
Verleger: Manfred Krick
Kurzcharakteristik: pädagogischer
Fachverlag
Gründungsjahr: 1949
*Lieferbare Titel im Kinder- und
Jugendbuchbereich:*
Novitäten p.a.: 40
Verlagsprogramm: Fachverlag für
Unterrichtsmittel: Lernhilfen,
Unterrichtsmaterialien für den
Kindergarten und die Klassen 1-6,
Unterrichtsprojekte, Sprachen-
Lernkonzepte, Lernspiele
Lektorat: Doris Fischer
(Lektoratsleitung), Susanne
Kortmann (Grundschule),
Heike Römming (Grundschule),

Brigitte Heil (Kindergarten)
Ms.-Angebote: als Exposé
Medium: E-Mail an
lektorat@finken.de
Ms.-Rücksendung: ja

Fischer Schatzinsel
S. Fischer Verlag GmbH
Hedderichstr. 114
60596 Frankfurt am Main
Tel. 069 - 60 62 - 0
E-Mail: info@fischerverlage.de
Internet: www.fischerverlage.de,
www.fischerschatzinsel.de
Verlegerin: Monika Schoeller
Programmgeschäftsführung:
Dr. Jörg Bong; Programmleitung:
Eva Kutter
Verlagsgruppe: S. Fischer Verlage
Lieferbare Titel im Kinder- und
Jugendbuchbereich: 530
Novitäten p.a.: 100
Verlagsprogramm: Bilderbücher,
Kinder- und Jugendbücher,
Kindersachbücher
Lektorat: Helga Preugschat, Katja
Massury, Antje Keil
Art des Ms.-Interesses: nach vorhe-
riger telefonischer Anfrage
Ms.-Angebote: als Exposé mit
Textprobe, als Manuskript
Medium: ausschließlich Papier-
ausdruck
Ms.-Rücksendung:
ja, bei Rückporto

FNverlag
der Deutschen Reiterlichen
Vereinigung GmbH
Freiherr-von-Langen-Str. 13
48231 Warendorf
Tel. 02581 - 63 62 - 115
Fax: 02581 - 63 31 46

E-Mail:
vertrieb-fnverlag@fn-dokr.de
Internet: www.fnverlag.de
Verlagsleitung: Siegmund
Friedrich, Rainer Reisloh
Kurzcharakteristik: Fachbuch-
verlag Pferdesport und -zucht
Gründungsjahr: 1977
Lieferbare Titel im Kinder- und
Jugendbuchbereich: 25
Novitäten p.a.: ca. 15
Verlagsprogramm: Comics,
Jugendbücher, Kinderbücher
Lektorat: Dr. Carla Mattis,
Tel.: 02581 - 63 62 - 217,
cmattis@fn-dokr.de
Ms.-Angebote: nach vorheriger
telefonischer Anfrage
Medium: Papierausdruck
Ms.-Rücksendung: ja

Franckh-Kosmos Verlags-GmbH
& Co. KG
Pfizerstr. 5-7
70184 Stuttgart
Tel. 0711 - 21 91 - 0
Fax: 0711 - 21 91 - 320
E-Mail: info@kosmos.de
Internet: www.kosmos.de
Verleger/in: Dr. Herbert Fleissner,
Michael Fleissner, Axel Meffert
Verlagsleitung: Axel Meffert
Gründungsjahr: 1822
Lieferbare Titel im Kinder- und
Jugendbuchbereich: ca.500
Novitäten p.a.: 90
Verlagsprogramm: Spannung,
Pferde, Natur, Erzählendes
Kinderbuch
Ms.-Angebote: nach vorheriger
telefonischer Anfrage

**Verlag Freies Geistesleben
+ Urachhaus GmbH**
Landhausstr. 82
70190 Stuttgart
Tel. 0711 - 28 53 20 - 0
Fax: 0711 - 285 32 10
E-Mail: info@geistesleben.com/
info@urachhaus.com
Internet: geistesleben.com oder
urachhaus.com
Verlagsleitung: Jean-Claude Lin
(VFG), Frank Berger (UH)
Kurzcharakteristik: Die Verlage
Freies Geistesleben und Urach-
haus verlegen Bücher auf den
Gebieten: Anthroposophie und
Waldorfpädagogik, Kunst, Wis-
senschaft und Religion, Literatur
für junge Leser
Gründungsjahr: 1947 (VFG) /
1925 (UH)
Verlagsgruppe: Verlag Freies Geis-
tesleben/Verlag Urachhaus
*Lieferbare Titel im Kinder- und
Jugendbuchbereich:* VFG: ca. 200/
UH: ca. 160
Novitäten p.a.: VFG: ca. 12/
UH: ca. 14
Verlagsprogramm: Jugendbücher,
Kinderbücher, Schulbücher, Bil-
derbücher
Lektorat: Evelies Schmidt (VFG),
Michael Stehle (UH) Diethild
Plattner
Ms.-Angebote: nach vorheriger
telefonischer Anfrage
Medium: Papierausdruck,
Diskette, E-Mail
Ms.-Rücksendung:
ja, bei Rückporto

**Gabriel Verlag
in der Thienemann Verlag
GmbH**
Blumenstr. 36
70182 Stuttgart
Tel. 0711 - 210 55 - 0
Fax: 0711 - 210 55 - 36
E-Mail: info@thienemann.de
Internet: www.gabriel-verlag.de
Verleger: Klaus Willberg
Kurzcharakteristik: Bilder-, Kinder-
und Jugendbücher zu ethischen,
philosophischen und religiösen
Themen
Gründungsjahr: seit 2000 in der
Thienemann Verlag GmbH
Verlagsgruppe: Bonnier Media
Deutschland GMmbH
*Lieferbare Titel im Kinder- und
Jugendbuchbereich:* 100
Novitäten p.a.: ca. 28
Lektorat: Programmleitung:
Katharina Ebinger; *Lektorat:*
Kathrin Rau
Ms.-Angebote: als Exposé oder
Leseproben oder ganze Ms.
Medium: Papierausdruck
Ms.-Rücksendung: ja, bitte bei
Rückporto

Gerstenberg Verlag
Rathausstr. 18-20
31134 Hildesheim
Tel. 05121 - 106 - 0
Fax: 05121 - 106 - 498 oder 499
E-Mail:
verlag@gerstenberg-verlag.de
Internet:
www.gerstenberg-verlag.de
Verlagsleitung: Daniela Filthaut
Gründungsjahr: 1792
*Lieferbare Titel im Kinder- und
Jugendbuchbereich:* 500

Novitäten p.a.: 60
Verlagsprogramm: Kochbücher, Bildbände, Jugendbücher, Kinderbücher, Jugendsachbücher, Natur
Lektorat: Bettina Eschenhagen (Bildband), Birgit Göckritz (Kinder- u. Jugendbuch), Kathrin Jokusch (Bilderbuch), Dagmar Schemske (Kinder- und Jugendsachbuch), Birgit Lockheimer (Kinder- u. Jugendbuch), Bernhard Suchy, Lara Tunnat (Bildband, Kochbuch)
Ms.-Angebote: nach vorheriger telefonischer Anfrage, als Exposé, als Manuskript
Medium: Papierausdruck
Ms.-Rücksendung: nein

Hamburger Kinderbuchverlag Dr. Carlos Schumacher GmbH & Co KG
Borstels Ende 70
22337 Hamburg
Tel. 040 - 500 916 40
Fax: 040 - 500 916 39
E-Mail:
mail@hamburger-kinderbuch.de
Internet:
www.hamburger-kinderbuch.de
Verleger: Dr. Carlos Schumacher
Verlagsprogramm: Kinderbuch

Peter Hammer Verlag
Föhrenstr. 33-35
42283 Wuppertal
Tel. 0202 - 50 50 66, -67
Fax: 0202 - 50 92 52
E-Mail:
info@peter-hammer-verlag.de
Internet:
www.peter-hammer-verlag.de

Verlagsleitung: Monika Bilstein
Gründungsjahr: 1966
Lieferbare Titel im Kinder- und Jugendbuchbereich: 60
Novitäten p.a.: 6-8
Verlagsprogramm: Kinderbücher, Bilderbücher
Ms.-Angebote: nach vorheriger telefonischer Anfrage, als Exposé
Medium: Papierausdruck
Ms.-Rücksendung:
ja, nur bei Rückporto

Hanser Kinderbuchverlag im Carl Hanser Verlag GmbH & Co. KG
Vilshofener Str. 10
81679 München
Tel. 089 - 998 30 - 0
Fax: 089 - 998 30 - 461
E-Mail: info@hanser.de
Internet: www.hanser.de
Verleger: Dr. Friedbert Stohner
Verlagsleitung: Dr. Friedbert Stohner
Verlagsprogramm: Bilderbücher, Kinderbuch, Jugendbuch, Sachbuch
Lektorat: Dr. Friedbert Stohner, Christiane Thielmann, Saskia Heintz; Julia Malik
Ms.-Angebote: nach vorheriger telefonischer Anfrage, als Exposé mit Textprobe von 20 Seiten
Medium: Papierausdruck
Ms.-Rücksendung: ja

Verlag Herder GmbH
Hermann-Herder-Str. 4
79104 Freiburg
Tel. 0761 - 27 17 - 0
Fax: 0761 - 27 17 - 520
E-Mail: info@herder.de

Internet:
www.herder.de/kinderbuch
Verleger: Manuel Herder
Verlagsleitung: Olaf Carstens,
Manuel Herder, Hans Dieter Vogt
Gründungsjahr: 1801
Verlagsprogramm: Religiöse
Kinderbücher
Lektorat: Betae Riess,
Franziska Aehlen
Ms.-Angebote: als Exposé mit
Textprobe von ca. 10 Seiten
Medium: Papierausdruck, E-Mail
Ms.-Rücksendung:
ja, bei Rückporto

JUMBO Neue Medien & Verlag GmbH
Henriettenstr. 42a
20259 Hamburg
Tel. 040 - 429 30 40-0
Fax: 040 - 429 30 40 - 29
E-Mail: info@jumbo-medien.de
Internet: www.jumbo-medien.de
Verlagsleitung: Ulrich Maske (Programmleitung), Gabriele Swiderski (Geschäftsführung)
Kurzcharakteristik: Hörbücher für Kinder (JUMBO) und Audioproduktionen für Erwachsene und Jugendliche unter dem Label »Goya«
Gründungsjahr: 1991
Verlagsgruppe: unabhängig
Novitäten p.a.: 240
Verlagsprogramm: Kinder- und Lieder-Hörbücher für Kleinkinder bis 12-Jährige

Verlag Jungbrunnen
Rauhensteingasse 5
A-1011 Wien/Österreich
Tel. +43 (0)1 - 512 12 99
Fax: +43 (0)1 - 512 12 99 - 75
E-Mail: office@jungbrunnen.co.at
Internet: www.jungbrunnen.co.at.
Verlegerin: Hildegard Gärtner
Verlagsleitung: Hildegard Gärtner
Gründungsjahr: 1923
Lieferbare Titel im Kinder- und Jugendbuchbereich: ca. 100
Novitäten p.a.: 8
Verlagsprogramm: Bilderbücher, Kinder- und Jugendbücher
Lektorat: Hildegard Gärtner
Art des Ms.-Interesses: Bilderbücher, Kinder- und Jugendbücher
Ms.-Angebote: als Exposé mit Textprobe von 30 Seiten
Medium: Papierausdruck
Ms.-Rücksendung:
ja, bei Rückporto

Karl-May-Verlag
Schützenstr. 30
96047 Bamberg
Tel. 0951 - 98 20 60
Fax: 0951 - 243 67
E-Mail: info@karl-may.de
Internet: www.karl-may.de
Verleger: Bernhard Schmid
Gründungsjahr: 1913
Lieferbare Titel im Kinder- und Jugendbuchbereich:
Novitäten p.a.: 7
Verlagsprogramm: Schwerpunkt Karl May, Jugendbücher
Lektorat: Roderich Haug
Art des Ms.-Interesses: Abenteuer (modern und historisch), Fantasy, alles May-bezogene (Sekundärliteratur), Reisereportagen

Ms.-Angebote: als Exposé mit
Textprobe von 10 Seiten
Medium: Papierausdruck
Ms.-Rücksendung:
ja, bei Rückporto

Verlag Ernst Kaufmann
Alleestr. 2
77933 Lahr
Tel. 07821 - 93 90 - 0
Fax: 07821 - 93 90 - 11, -30
E-Mail: info@kaufmann-verlag.de
Internet:
www.kaufmann-verlag.de
Geschäftsführer: Dr. Klaus-Chris-
toph Scheffels, Thomas Schneble
Kurzcharakteristik: Einer der füh-
renden Verlage für religiöse Kin-
derbücher - evangelisch - ökume-
nisch - liberal
Gründungsjahr: 1816
*Lieferbare Titel im Kinder- und
Jugendbuchbereich:* 200
Novitäten p.a.: 40 p.a.
Verlagsprogramm: Kinder- und
Jugendbücher v.a. Adventskalen-
der, Kinderbibeln, Weihnachts-
bücher, Bilderbücher
Lektorat: Katja Simon,
Tel.: 07821 -939020,
k.simon@kaufmann-verlag.de,
Sebastian Tonner,
Tel.: 07821 - 93 90 17,
s.tonner@kaufmann-verlag.de
Art des Ms.-Interesses:
siehe Programm
Ms.-Angebote: nach vorheriger
telefonischer Anfrage
Medium: Papierausdruck
Ms.-Rücksendung:
ja, bei Rückporto

Verlag Herder GmbH
Hermann Herder Str. 4
79104 Freiburg
Tel. 0761 - 27 17 - 0
Fax: 0761 - 27 17 - 520
E-Mail: info@herder.de
Internet: www.herder.de
Verlagsleitung: Olaf Carstens,
Manuel Herder, Hans Dieter Vogt
Gründungsjahr: 1801
Verlagsprogramm: Kinderbücher,
Bilderbücher, Vorlesebücher
Lektorat: Beate Riess,
Franziska Aehlen
Ms.-Angebote: als Exposé mit
Textprobe von 10 Seiten
Medium: Papierausdruck, E-Mail
Ms.-Rücksendung:
ja, bei Rückporto

Der KinderbuchVerlag Berlin
– siehe Beltz & Gelberg

**Kinderbuchverlag Wolff Bad
Soden**
Paul-Reiss-Straße 1
65812 Bad Soden am Taunus
Tel. 06196 - 90 27-456
Fax: 06196 - 90 25-492
E-Mail:
info@kinderbuchverlagwolff.de
Internet:
www.kinderbuchverlagwolff.de
Verleger: Thomas Wolff
Verlagsprogramm: Kinder- und
Jugendbuch

Kindermann Verlag Berlin
Wacholderweg 13f/8
14052 Berlin
Tel. 030 - 305 32 25
Fax: 030 - 305 32 27
www.kindermannverlag.de

Verlegerin: Dr. Barbara Kindermann
Verlagsprogramm: Weltliteratur für Kinder, Poesie für Kinder, Kinder entdecken Kunst, Mutmach-Geschichten, Besondere Bilderbücher

Klett Kinderbuch
Friedrich Berlin Verlagsgesellschaft mbH
Richard-Lehmann-Straße 14
04275 Leipzig
Tel. 0341- 35 05 - 965
Fax: 0341 - 962 84 10
E-Mail: info@klett-kinderbuch.de
Internet: www.klett-kinderbuch.de
Verleger: Dr. Michael Merschmeier
Verlagsleitung: Monika Osberghaus
Gründungsjahr: 2008
Verlagsgruppe: Klett Verlagsgruppe
Novitäten p.a.: 10
Verlagsprogramm: Kinderbuch (3-12 Jahre)
Ms.-Angebote: als Exposé mit Leseprobe von 20 Seiten
Medium: E-Mail, Papierausdruck
Ms.-Rücksendung: ja, bei Rückporto

Erika Klopp Verlag GmbH
Poppenbütteler Chaussee 53
22397 Hamburg
Tel. 040 - 607 909 01
Fax: 040 - 607 23 26
E-Mail: klopp@verlagsgruppe-oetinger.de
Internet: www.erika-klopp.de
Verlagsleitung: Jan Weitendorf, Markus Niesen
Lektorat: Eva-Maria Kulka, Claudia Müller, Corinna Küpper

Ms.-Angebote: Geschichten oder Illustrationen als Papierausdruck (bei Illustrationen Farbkopien) an das Lektorat schicken (keine CD, keinen E-Mail-Anhang o.ä.). Texte sollten mit Computer (Maschine) geschrieben sein, einseitig, mindestens 1 1/2-zeilig, mit einer Schriftgröße von mindestens 12 Punkt. Exposé (Inhaltsangabe) und Leseprobe von ca. 2, 3 Kapiteln genügen für einen ersten Eindruck.
Ms-Rücksendungen: Nur bei frankiertem und adressiertem Rückumschlag

Knabe Verlag Weimar
Trierer Strasse 65
99423 Weimar
Tel. 03643- 74 35 72
Fax: 03643 - 85 27 20
E-Mail: info@knabe-verlag.de
Internet: www.knabe-verlag.de
Verleger: Steffen Knabe
Kurzcharakteristik: traditioneller Kinder- und Jugendbuchverlag
Gründungsjahr: 2007
Lieferbare Titel im Kinder- und Jugendbuchbereich: Audio: 7 Hörbuchtitel, Print: 3 Kinderromane
Novitäten p.a.: 3-4 Titel
Verlagsprogramm: Kinder- und Jugendbücher, Hörbücher, Hör-Malbücher
Lektorat: Steffen Knabe
Art des Ms.-Interesses: Kinder- und Jugendliteratur (Märchen, Fantasy, Kurzgeschichten, Kinder-, Jugendroman)
Medium: Print, Audio/Upload-Datei

Ms.-Rücksendung:
ja, bei Rückporto

Laetitia Verlag
Dahmer Weg 27 a
23746 Kellenhusen
Tel. 04364 - 47 03 54 oder 030 -
80 58 85 30
E-Mail: info@laetitia-verlag.de
Internet: www.laetitia-verlag.de
Verleger: Dr. Otfried Wolfrum
Gründungsjahr: 1999
*Lieferbare Titel im Kinder- und
Jugendbuchbereich:*
Verlagsprogramm: Realistisches
Abenteuerbuch
Lektorat: Erika Wolfrum
Art des Ms.-Interesses: geschlos-
sene Romane, Erzählungen ab
150 Seiten
Ms.-Angebote: nach vorheriger
telefonischer Anfrage, als Exposé
mit Textprobe, als Manuskript
Medium: Papierausdruck
Ms.-Rücksendung:
ja, bei Rückporto

**Langenscheidt KG Kinderbuch-
Programm**
Mies-van-der-Rohe-Str. 1
80807 München
Tel. 089 - 360 96 - 0
Fax: 089 - 360 96 - 222
E-Mail: mail@langenscheidt.de
Internet: www.langenscheidt.de
Verleger: Andreas Langenscheidt
Verlagsleitung: Rolf Müller
Verlagsgruppe: Langenscheidt
Verlagsgruppe
Verlagsprogramm: Kinder- und
Jugendbuch

Lappan Verlag GmbH
Würzburger Str. 14
26121 Oldenburg
Tel. 0441 - 980 66 - 0
Fax: 0441 - 980 66 - 34
E-Mail: info@lappan.de
Internet: www.lappan.de
Verleger: Dieter Schwalm
Verlagsleitung: Nicola Heinrichs
Gründungsjahr: 1983
*Lieferbare Titel im Kinder- und
Jugendbuchbereich:* 100
Novitäten p.a.: 10
Verlagsprogramm: Bilderbücher
Lektorat: Constanze Breckoff
Art des Ms.-Interesses: keine Mär-
chen, keine Sachbücher, keine
Romane und Erzählungen
Ms.-Angebote: nur Bilderbuchma-
nuskripte von 1-2 DIN A4-Seiten
Medium: Papierausdruck, keine
E-Mails
Ms.-Rücksendung:
ja, bei Rückporto

**leiv Leipziger Kinderbuch-
verlag GmbH**
Torgauer Platz 1-3
04315 Leipzig
Tel. 0341 - 992 78 - 40, -41
Fax: 0341 - 992 78 - 49
E-Mail: lehmann@leiv-verlag.de
Internet: www.leiv-verlag.de
Verleger: Steffen Lehmann
Gründungsjahr: 1991
*Lieferbare Titel im Kinder- und
Jugendbuchbereich:*
Verlagsprogramm: Bilderbücher,
Mal- und Märchenbücher, Kin-
derbücher
Art des Ms.-Interesses: Zielgruppe
2 bis 12 Jahre

Ms.-Angebote: Exposé, Manuskript
Medium: Papierausdruck
Ms.-Rücksendung:
ja, bei Rückporto

Lentz Verlag
Pfizerstr. 5-7
70184 Stuttgart
Tel. 0711 - 21 91 - 0
Fax: 0711 - 21 91 - 277
E-Mail: info@kosmos.de
Internet: www.kosmos.de
Verlagsleitung: Axel Meffert
Verlagsprogramm: Kinderbücher
Ms.-Angebote: als Exposé mit
Textprobe von ca. 10 Seiten
Medium: Papierausdruck
Ms.-Rücksendung:
ja, bei Rückporto

Loewe Verlag GmbH
Bühlstr. 4
95463 Bindlach
Tel. 09208 - 51 - 0
Fax: 09208 - 51 - 309
E-Mail: presse@loewe-verlag.de
Internet: www.loewe-verlag.de
Verleger: Volker Gondrom
Verlagsleitung: Volker Gondrom
Gründungsjahr: 1863
*Lieferbare Titel im Kinder- und
Jugendbuchbereich:* 1200
Novitäten p.a.: 300
Verlagsprogramm: Pappbilderbücher, Bilderbücher, Kinderbücher,
Jugendbücher, Sachbücher,
Lernspiele, Erstleseliteratur;
(0-17 Jahre)
Art des Ms.-Interesses: siehe Verlagsprogramm
Ms.-Angebote: als Exposé mit

Textprobe oder als Manuskript an
Andrea Freiberger
Medium: Papierausdruck oder per
E-Mail
Ms.-Rücksendung: nein

**Menschenkinder Verlag und
Vertrieb GmbH**
An der Kleimannbrücke 97
48157 Münster
Tel. 0251 - 932 52 - 0
Fax: 0251 - 932 52 - 90
E-Mail: info@menschenkinder.de
Internet: www.menschenkinder.de
Verleger: Detlev Jöcker
Gründungsjahr: 1987
*Lieferbare Titel im Kinder- und
Jugendbuchbereich:* ca. 80
Novitäten p.a.: 3-5
Verlagsprogramm: Beschäftigungs-
und Mitmachbücher für Erzieher
und Eltern, Musik für Kinder
Lektorat: Nicole Bußmann
Ms.-Angebote: nach vorheriger
telefonischer Anfrage
Medium: Papierausdruck
Ms.-Rücksendung: ja

Metz-Verlag
Josef-Hollerbach-Str. 14
76571 Gaggenau
Tel. 07225 - 740 98
Fax: 07225 - 740 98
E-Mail: metzverlag@aol.com
Internet: www.metz-verlag.de
Verlagsleitung: Karl-Heinz Metz
Gründungsjahr: 1989
*Lieferbare Titel im Kinder- und
Jugendbuchbereich:* 40
Verlagsprogramm: Kinder- und
Jugendbücher, Krimis, Geschicht-
licher Hintergrund

Art des Ms.-Interesses: keine Bilderbücher
Ms.-Angebote: als Exposé mit Textprobe von 15 Seiten
Medium: Papierausdruck
Ms.-Rücksendung: ja, bei Rückporto

Moritz Verlag
Kantstr. 12
60316 Frankfurt am Main
Tel. 069 - 430 50 - 84
Fax: 430 50 83
E-Mail: moritzverlag@t-online.de
Internet: www.moritzverlag.de
Verlagsleitung: Markus Weber
Gründungsjahr: 1994
Lieferbare Titel im Kinder- und Jugendbuchbereich: 90
Novitäten p.a.: 10
Verlagsprogramm: Bilderbücher fürs Kindergartenalter
Ms.-Angebote: als Dummy das vollständige Bilderbuch mit möglichst drei Farbkopien und dem Text auf den jeweiligen Seiten
Ms.-Rücksendung: ja, bei Rückporto

moses. Verlag GmbH
Arnoldstr. 13 d
47906 Kempen
Tel. 02152 - 20 98 50
Fax: 02152 - 20 98 60
E-Mail: info@moses-verlag.de
Internet: www.moses-verlag.de
Verleger: Gerd Herterich
Verlagsleitung: Gerd Herterich
Gründungsjahr: 1991
Lieferbare Titel im Kinder- und Jugendbuchbereich: 100
Novitäten p.a.: 50

Verlagsprogramm: Jugendbücher, Kinderbücher, Spiele, Kinder-Beschäftigung, Sach- und Machbücher, Geschenkartikel
Lektorat: Daniela Schönkes (schoenkes@moses-verlag.de), Tanja Mues (mues@moses-verlag.de), Anne Rummenie (rummenie@moses-verlag.de)
Art des Ms.-Interesses: nur Sachbücher, keine Belletristik!
Ms.-Angebote: als Exposé
Medium: E-Mail
Ms.-Rücksendung: nein

Nilpferd
im Residenz Verlag
Niederösterreichisches Pressehaus, Druck- und Verlagsges mbH
Gutenbergstr. 12
A-3100 St. Pölten/Österreich
Tel. -8021415
Fax: -8021431
E-Mail: info@residenzverlag.at
Internet: www.residenzverlag.at
Verleger: Herwig Bitsche
Verlagsleitung: Programmleitung Kinderbuch: Cornelia Hladej
Gründungsjahr: 2001
Lieferbare Titel im Kinder- und Jugendbuchbereich: ca. 80
Novitäten p.a.: ca. 10
Verlagsprogramm: Bilderbuch, Kinderbuch
Lektorat: Lektorat Dr. Günther Eisenhuber, Mag. Claudia Romeder, Dr. Carmen Sippl (Sachbuch), Cornelia Hladej (Kinderbuch)
Art des Ms.-Interesses: Kinderbuch
Ms.-Angebote: nach vorheriger telefonischer Anfrage, als Exposé

mit Textprobe von 10 Seiten, als Manuskript
Medium: Papierausdruck
Ms.-Rücksendung: nein

NordSüd Verlag AG
Heinrichstrasse 249
CH-8005 Zürich/Schweiz
Tel. (0041) 44 - 936 68 68
Fax: (0041) 44 / 936 68 00
E-Mail: info@nord-sued.com
Internet: www.nord-sued.com
Verleger: Urs Gysling
Verlagsleitung: Urs Gysling
Kurzcharakteristik: Der NordSüd Verlag ist einer der bekanntesten Verlage für illustrierte Kinderbücher mit hohem Qualitätsanspruch auf dem internationalen Markt. Zielgruppe: Kinder von 5 bis 10 Jahre.
Gründungsjahr: 1961
Lieferbare Titel im Kinder- und Jugendbuchbereich: 200
Novitäten p.a.: 40
Verlagsprogramm: Bilderbücher, Märchenbücher, Papp- und Spielbücher, illustrierte Vorlesegeschichten, Geschenkbücher
Lektorat: Gerda Wurzenberger, Katja Alves
Art des Ms.-Interesses: Illustrationen und Manuskripte für Bilderbücher, Märchenbücher, Papp- und Spielbücher, illustrierte Geschenkbücher, Vorlesegeschichten
Ms.-Angebote: als Manuskript, bei Texten über 10 Seiten als Exposé mit Leseprobe
Medium: Papierausdruck
Ms.-Rücksendung: ja

Obelisk Verlag
Falkstr. 1
A-620 Innsbruck/Österreich
Tel. +43 (0)512 - 58 07 33
Fax: +43 (0)512 - 58 07 33 13
E-Mail: obelisk-verlag@utanet.
atinfoobelisk-verlag.at
Internet: www.obelisk-verlag.at
Verlagsleitung: Helga Buchroithner
Kurzcharakteristik: unabhängiger, österreichischer Kinderbuchverlag
Gründungsjahr: 1968
Verlagsprogramm: Kinder- und Jugendbuch
Lektorat: Inge Auböck

Verlag Friedrich Oetinger GmbH
Poppenbütteler Chaussee 53
22397 Hamburg
Tel. 040 - 607 909 02
Fax: 040 - 607 23 26
E-Mail: oetinger@verlagsgruppe-oetinger.de
Internet: www.oetinger.de
Verleger/in: Silke Weitendorf, Jan Weitendorf, Till Weitendorf, Markus Niesen, Klaus-Peter Stegen
Lektorat: Kerstin Behnken, Maya Geis, Sophie Härtling-Reine, Stephanie Vogt, Eva Wansleben
Ms.-Angebote: Geschichten oder Illustrationen als Papierausdruck (bei Illustrationen Farbkopien) an das Lektorat schicken (keine CD, keinen E-Mail-Anhang o.ä.). Texte sollten mit Computer (Maschine) geschrieben sein, einseitig, mindestens 1 1/2-zeilig, mit einer Schriftgröße von min-

destens 12 Punkt.
Exposé (Inhaltsangabe) und Leseprobe von ca. 2, 3 Kapiteln genügen für einen ersten Eindruck.
Ms-Rücksendungen: Nur bei frankierten und adressiertem Rückumschlag

Patmos Verlag GmbH & Co. KG
Am Wehrhahn 100
40211 Düsseldorf
Tel. 0211 - 167 95-0
Fax: 0211 - 167 95-75
E-Mail: service@patmos.de
Internet: www.patmos.de
Verleger: Dr. Tullio Aurelio
Geschäftsführer: Hans
Kämpfe-Burghardt
Gründungsjahr: 1946
Verlagsgruppe: Cornelsen Verlags-
gruppe
*Lieferbare Titel im Kinder- und
Jugendbuchbereich:* ca. 660
Novitäten p.a.: ca. 100
Verlagsprogramm: Jugendbücher,
Kinderbücher, Bilderbücher,
Sachbücher, Beschäftigungs-
bücher, Religiöses Kinderbuch
Lektorat: Maria Koettnitz (Pro-
grammleitung), Bettina Herre,
Regine Teufel, Jutta Weidemeyer,
Jasna Zagorz, Christine Tschirch
Ms.-Angebote: als Exposé mit
Textprobe
Medium: Papierausdruck
Ms.-Rücksendung:
ja, bei Rückporto

Pattloch Verlag GmbH & Co. KG
Hilblestr. 54
80636 München
Tel. 089 - 9271-226
Fax: 089 - 92 71-236
Internet: www.pattloch.de
Verlagsleitung: Bernhard Meuser
Kurzcharakteristik: Kernkompe-
tenz Religion
Gründungsjahr: 1948
Verlagsgruppe: Verlagsgruppe
Droemer Knaur GmbH & Co. KG
Novitäten p.a.: ca. 18
Verlagsprogramm: Religion, Bibeln,
Gebetbücher, Kinderbücher, Alter
2-10, kein Jugendbuch!
Lektorat: Annemarie Boudart
Art des Ms.-Interesses: Ms.
Erwünscht, wenn passend zum
Verlagsprofil, bitte keine vorheri-
gen Anrufe im Verlag!
Ms.-Angebote: Exposé und Text-
probe oder Manuskript
Medium: nur Papierform
Ms.-Rücksendung: nein

**Ravensburger Buchverlag Otto
Maier GmbH**
Robert-Bosch-Str. 1
88214 Ravensburg
Tel. 0751 - 86 - 0
Fax: 0751 - 86 - 12 89
E-Mail: info@ravensburger.de
Internet: www.ravensburger.de
Verleger/in: Renate Herre, Johan-
nes Hauenstein
Kurzcharakteristik: Kinder- und
Jugendbücher, Erstlesebücher,
Romane, Lexika, Sachbücher,
Bilderbücher
Gründungsjahr: 1883
Verlagsgruppe: Ravensburger
Lieferbare Titel im Kinder- und

Jugendbuchbereich: 1500
Novitäten p.a.: 450-500
Verlagsprogramm: Kinderbücher,
Jugendbücher
Lektorat: (Leitungen:) Ulrike
Metzger, Sabine Zürn, Sandra
Schwarz, Tatjana Grauf

rororo rotfuchs
Rowohlt Taschenbuchverlag
Hamburger Str. 17
21465 Reinbek
Tel. 040 - 72 72 - 0
Fax: 040 - 72 72 - 319
Internet: www.rowohlt.de
Verleger: Alexander Fest, Lutz
Kettmann, Peter Kraus vom Cleff
Gründungsjahr: 1908
Verlagsprogramm: Belletristik,
Sachbücher, Politik,
Zeitgeschehen
Lektorat: Christiane Steen
(Programmleitung rotfuchs)
Ms.-Angebote: als Exposé mit
Textprobe von 5 Seiten
Medium: ausschließlich Papier-
ausdruck
Ms.-Rücksendung: nein

Tessloff Verlag
Ragnar Tessloff GmbH & Co.
KG
Burgschmietstr. 2 - 4
90419 Nürnberg
Tel. 0911 - 399 06 - 0
Fax: 0911 - 399 06 - 39
E-Mail: tessloff@osn.de
Internet: www.tessloff.com
Verlagsleitung: Dr. Thomas Seng
Gründungsjahr: 1956
Verlagsprogramm: Kinder- und
Jugendsachbücher
Ms.-Angebote: als Exposé

Medium: Papierausdruck
Ms.-Rücksendung:
ja, bei Rückporto

Thienemann Verlag GmbH
Blumenstr. 36
70182 Stuttgart
Tel. 0711 - 210 55 - 0
Fax: 0711 - 210 55 - 39
E-Mail: info@thienemann.de
Internet: www.thienemann.de,
www.frechemaedchen.de
Verleger: Klaus Willberg
Kurzcharakteristik: belletristische
Bilder-, Kinder- und Jugend-
bücher
Gründungsjahr: 1849
Verlagsgruppe: Bonnier Media
Deutschland GmbH
*Lieferbare Titel im Kinder- und
Jugendbuchbereich:* ca. 900
Novitäten p.a.: ca. 120
Verlagsprogramm: Bilderbücher,
Kinderbücher, Jugendbücher
Lektorat: Programmleitung:
Stefan Wendel
Art des Ms.-Interesses: belletristi-
sche Kinder- und Jugendbücher
Ms.-Angebote: als Exposé oder
Leseproben oder ganze Ms.
Medium: Papierausdruck
Ms.-Rücksendung: ja, bitte bei
Rückporto

Titania Verlag
Forststr. 104B
70193 Stuttgart
Tel. 0711 - 63 81 25
Fax: 0711 - 636 98 72
E-Mail: titania@titania-verlag.de
Verleger und Geschäftsführer:
Mathias Berg
Gründungsjahr: 1949

Lieferbare Titel im Kinder- und Jugendbuchbereich: 60 Novitäten p.a.: 10 *Verlagsprogramm:* Bilderbücher, Kinderbücher, Nonbooks, Kalender *Lektorat:* Geschäftsleitung *Ms.-Angebote:* Geschäftsleitung *Ms.-Rücksendung:* unter Beifügung von Rückporto

Tulipan Verlag GmbH
Perelsplatz 17
12159 Berlin
Tel. 030 - 36 44 44 38
Fax: 030 - 36 44 44 39
E-Mail: info@tulipan-verlag.de
Internet: www.tulipan-verlag.de
Verleger: Sascha Nicoletta Simon
Kurzcharakteristik: Außergewöhnliche, spannende und originelle Bücher jenseits des Mainstreams. Bei der Auswahl der Titel wird besonderer Wert auf hohe Qualität in Illustration, Text und Gestaltung gelegt.
Gründungsjahr: 2006
Lieferbare Titel im Kinder- und Jugendbuchbereich: 29 Novitäten p.a.: 17 *Verlagsprogramm:* Kinder- und Jugendbuch *Art des Ms.-Interesses:* Bilderbuch, Erstlesebücher, erzählendes Kinderbuch und Kinderbuch bis 12 Jahre *Ms.-Angebote:* Lebenslauf, Exposé und die ersten 20 Seiten *Medium:* Post, E-Mail, keine Originale *Ms.-Rücksendung:* unverlangt:nein, nur bei frankiertem und addressiertem Rückumschlag

Verlag Carl Ueberreuter GmbH
Alser Str. 24
A-1030 Wien/Österreich
Tel. +43 (0)1 - 40 44 40
Fax: +43 (0)1 - 40 44 45
E-Mail: office@ueberreuter.at
Internet: www.ueberreuter.at
Verleger: Dr. Fritz Panzer
Verlagsleitung: Dr. Fritz Panzer
Kurzcharakteristik: Ueberreuter zählt zu den führenden Kinder- und Jugendbuchverlagen im deutschsprachigen Raum
Gründungsjahr: 1946
Verlagsgruppe: Verlag Carl Ueberreuter GmbH
Lieferbare Titel im Kinder- und Jugendbuchbereich: ca. 450 Novitäten p.a.: ca. 90 *Verlagsprogramm:* Erzählendes Kinder- und Jugendbuch, Jugendsachbuch, Fantasy, hist. Romane *Lektorat:* Programmleitung: Mag. Irmgard Harrer; *Lektorat:* Mag. Angelika Höllriegl, Mag. Joanna Storm *Art des Ms.-Interesses:* Kinder- und Jugendbuch, Jugendsachbuch, Fantasy, hist. Romane *Ms.-Angebote:* detaillierte Inhaltsangabe und vom ersten Kapitel max. 20 Seiten *Medium:* Papierausdruck oder per E-Mail *Ms.-Rücksendung:* nein

Verlagshaus Jacoby & Stuart GmbH
Straßburger Str. 11
10405 Berlin
Tel. 030 - 47 37 47 90
Fax 030 – 47 37 47 968

verlag@jacobystuart.de
www.jacobystuart.de
Verlagsprogramm: ästhetisch und
inhaltlich anspruchsvolle Kinderbücher, Jugendromane

Velber Verlag
Schnelinstr. 6
79098 Freiburg
Tel. 0761 - 705 78 - 590
Fax: 0761 - 705 78 - 539

E-Mail:
buchverlag@familymedia.de
Internet: www.familymedia.de
Verleger: Christian Reckwerth
Verlagsleitung: Gernot Körner
Kurzcharakteristik: Kinderbücher:
Wissen, Experimente, Ratgeber,
Erziehung
Verlagsgruppe: Family Media
Verlagsprogramm: Kinderbücher

Aktionsbündnis für faire Verlage
Initiative für mehr Fairness im Verlagsbetrieb
www.aktionsbuendnis-faire-verlage.com

Arbeitsgemeinschaft von Jugendbuchverlagen e.V.
Großer Hirschgraben 17-21 • 60311 Frankfurt a.M.
www.avj-online.de

Verband deutscher Schriftsteller (VS) in ver.di
Bundesgeschäftsstelle • Paula-Thiede-Ufer 10 · 10179 Berlin
www.verband-deutscher-schriftsteller.de

Bundesverband junger Autoren und Autorinnen e.V. BVjA
Postfach 20 03 03 • 53133 Bonn
www.bvja-online.de

IG Autorinnen Autoren
Seidengasse 13 • A-1070 Wien
www.literaturhaus.at/lh/ig/

AdS Autorinnen & Autoren der Schweiz
Konradstrasse 61 • CH-8031 Zürich
www.a-d-s.ch

Bundesverband der Friedrich-Bödecker-Kreise e.V.
Künstlerhaus • Sophienstraße 2 • 30159 Hannover
www.boedecker-kreis.de

Verwertungsgesellschaft WORT
Goethestraße 49 • 80336 München
www.vgwort.de

Künstlersozialkasse
Langeoogstraße 12 • 26384 Wilhelmshaven
www.kuenstlersozialkasse.de

Bitte besuchen Sie auch www.autorenhaus-verlag.de